高职高专"十二五"规划教材

汽车拆装与调试实训指导书

主 编 周 航
主 审 邹 平

北京航空航天大学出版社

内容简介

本书分为“发动机装配与调整”和“底盘装配与调整”两个项目。其中，“发动机装配与调整”项目包括“发动机装配”和“发动机的磨合与验收”两个任务；“底盘装配与调整”项目包括“离合器的拆装检测与调整”、“手动变速器的拆装、检测与调整”、“万向传动装置的拆装与检测”、“液压制动总泵的拆装与调整”、“汽车悬架和车轮的拆装与调整”等十二个任务。本书介绍了汽车拆装过程及汽车调试工艺。每个模块都根据汽车制造与装配专业的职业能力要求，确定典型的汽车拆装、调试工序和工艺及操作要点，构建学习单元。本书按照项目导向的原则，以职业能力培养为重点，将实际拆装与调试过程融入教学全过程。

本书从汽车典型零部件、总成中取材，图文并茂，可读性强，内容贴合实际，可作为高等院校汽车制造专业、汽车运用与维修专业的实训指导教材，也可作为汽车制造厂从业人员的职业培训教材和参考书。

图书在版编目(CIP)数据

汽车拆装与调试实训指导书 / 周航主编. --北京 ：北京航空航天大学出版社，2014.3

ISBN 978-7-5124-1292-7

Ⅰ. ①汽… Ⅱ. ①周… Ⅲ. ①汽车—装配(机械)—高等职业教育—教学参考资料②汽车—调试方法—高等职业教育—教学参考资料 Ⅳ. ①U463

中国版本图书馆 CIP 数据核字(2013)第 256940 号

汽车拆装与调试实训指导书

主　编　周　航

主　审　邹　平

责任编辑　潘世琴

*

北京航空航天大学出版社出版发行

北京市海淀区学院路 37 号(邮编 100191)　http://www.buaapress.com.cn

发行部电话：(010)82317024　传真：(010)82328026

读者信箱：goodtextbook@126.com　邮购电话：(010)82316936

北京兴华昌盛印刷有限公司印装　各地书店经销

*

开本：787×1 092　1/16　印张：5.25　字数：134 千字

2014 年 3 月第 1 版　2014 年 3 月第 1 次印刷　印数：2 000 册

ISBN 978-7-5124-1292-7　定价：16.00 元

前　言

随着汽车技术的发展，汽车装配与调试的要求越来越高，从发动机到底盘各个方面的装配与调试都趋于规范化。针对目前汽车从业人员拆装与调试技术普遍薄弱的现状，进一步加大汽车拆装与调试技术培训力度已经迫在眉睫。

高职高专院校承担着汽车专业技能型人才培养培训的主要任务。为了贯彻教育部技能型人才培养培训指导方案，更好地履行教学职责，培养社会急需的汽车专业技能型人才，特编写本指导书。本书融入了多种具有代表性的典型规范和技术要求，内容覆盖面广，联系性强。全书始终贯穿理论够用为度，注意知识点，侧重能力点，保持先进性，强化理论和实践相结合的原则。

全书共两个项目，主要由四川航天职业技术学院汽车工程系汽车教研室编写，其中项目一和项目二的任务十二由邹翔编写，项目二的任务一至任务三由康晓鹏编写，任务四至任务六由周航编写，任务七至任务九由吴旭编写，任务十和任务十一由王照编写。全书由周航担任主编，邹平担任主审。

在本书的编写过程中，黄昌志、肖康、高卫明等老师和专家给予了大力支持和无私帮助，在此谨表谢意。编写过程中参考了大量的资料和文献，在此向原作者表示诚挚的谢意。

由于时间仓促，加上水平有限，书中难免会有疏漏和不足之处，恳请各位读者和业内专家批评指正。

编　者

2014 年 3 月

目　　录

项目一　发动机装配与调整

项目目的

掌握汽车发动机的制造装配与调试方法，具备工艺分析及制定装配工艺的能力，具备分析研究装配质量的初步能力，具备实际装配与调试的能力。

项目要求

掌握汽车发动机装配的方法和步骤。

熟练进行汽车发动机装配，养成良好的职业习惯。

熟悉汽车发动机各部件的名称、作用和结构特点。

熟悉汽车发动机装配的工艺要求。

掌握汽车发动机装配的检测方法及步骤。

能够阅读汽车发动机装配工艺指导书。

任务一　发动机装配

任务分析：要使发动机各部件装配成合格的总成，就应根据零件的形状、尺寸选用相应的设备和工具对零件进行装配。在零件的装配过程中就引出了一系列需要学习的知识，从而达到本项目的学习目的与要求。

任务实施：通过讲练结合、理论与实践结合，达到理论与动手能力相互融通；通过实践使学生更加系统和深入地了解本项目的内容，理解所学内容，并具备一定的实际动手能力。

任务要求：熟悉和理解发动机装配的基本要求，掌握总成的检验与装配、发动机的装配与调整、发动机的整车装配。

一、发动机装配的基本要求

发动机的结构形式有多种，整机装配程序也不完全一致，但是发动机装配须满足的基本要求是一致的，主要有：

① 装配时，必须保持零部件、总成、工具及装配场地的清洁。

② 待装的总成和零部件，必须经过检查或试装，并确认合格。

③ 各部位不可互换的零部件，如气缸体与飞轮壳、连杆与连杆盖、气门与气门座等，必须按装配记号装回原位，不许装错。

④ 关键部位的螺纹联接件都是高强度螺栓，必须采购原厂件或不低于原厂件技术标准的联接件，并按规定力矩和顺序分若干次拧紧。

⑤ 螺纹联接件的所有配套件，如开口销、保险垫片以及垫圈等，必须按规定装配齐全，不能丢失或漏装。

⑥ 关键部位组合件间的配合间隙，如活塞与气缸、曲轴轴颈与轴承以及轴类零件的轴向

间隙、正时齿轮的啮合间隙、配气机构的配气相位、气门间隙等，都必须符合装配技术标准。

⑦ 装配过程中，应使用规定的工具，采用正确的操作方法和手段，防止拆装中非正常的零部件损伤以及设备和人员的安全事故，禁止野蛮操作。

二、总成的检验与装配

（1）气缸盖的检验与装配

气缸盖是发动机的基础件。它既是气缸的重要密封件，又是进排气管和配气机构等的安装支承件，在发动机总成组装前必须作一定的总成装配。在缸盖总成装配前须对所装配的零部件进行合格检验。在安装气门组件时，活动部位应适当润滑，并应满足气门导管的配合间隙、气门与气门座的密封性、气门油封的密封性和可靠性、弹簧锁片或锁销的可靠性等技术要求。

（2）活塞连杆组的检验与组装

在发动机组装之前应对活塞连杆组进行检验装配。装配时应注意：活塞与连杆的方向和所对应缸应一致（新活塞镗缸时作出标记）；活塞销与活塞、活塞销与连杆的配合应满足技术要求；连杆轴承与曲轴轴颈的配合间隙应符合标准；活塞环与活塞、活塞环与气缸的配合间隙，活塞环与缸壁的漏光性应满足技术要求，并按各组件所对应缸号作好配对标记，以免装配时出现换位错误。

（3）曲轴的试装

在发动机组装之前应对曲轴进行试装，以检验主轴承与轴颈的配合间隙和曲轴的旋转力矩（反映曲轴中心与轴承座的孔中心的同轴度），同时检验曲轴的轴向间隙。试装完毕，进行拆卸清洁，垫片的位置应标记好，以免总装时错装。

（4）其他总成或附件的检查

其他总成或附件应按其产品的技术要求作相应的检查，以达到发动机总装零部件的技术要求。

三、发动机的装配与调整

（1）准备工作

做好场地、所需工具、设备的清洁准备工作，将合格的发动机组装零部件摆放到位，并保持清洁。

（2）气缸体的装配

气缸体是基础件，装配前必须对气缸体的表面，尤其是油道、配合安装面进行认真的清洗、清洁和检查。即使是已清洁装好的气缸体，整机装配前也应再次重复进行此项工作。有条件的应装上台架，以便于发动机总成装配。

（3）曲轴飞轮组的安装

安装时，曲轴主轴盖、主轴承（大瓦）、止推垫片都须按标记安装，并注意方向和对应位置。气缸体的轴承座油孔应与轴瓦油孔对齐，有调整垫片的按调试的位置安放调整垫片，调整垫片不允许有皱褶、破裂等损伤。轴瓦与曲轴主轴颈、曲轴油封、止推垫片等的滑动接触面都应用机油进行适当的润滑。紧固轴承盖螺栓时，应采用多次、均匀、对称的方法紧固到规定力矩。一般分四次紧固，第一次大约紧固到规定力矩的30%；第二次大约紧固到规定力矩的60%；第三次大约紧固到规定力矩的90%；第四次紧固到规定力矩。在第二次拧紧时，每拧紧一道轴承，转动几圈曲轴，以便了解轴承盖紧固情况，及时发现异常现象。全部拧紧后，用手扳动飞轮或曲柄，应能转动、阻力均匀、无阻滞现象，使曲轴旋转的灵活性和轴向间隙达到规定的要求。

飞轮安装时，根据结构的不同，有些需先安装曲轴飞轮组。但现代汽车一般是先装配曲轴轴承，后装配曲轴油封，再装配飞轮和曲轴正时齿轮。装配油封时，可在油封与支承座结合面上涂汽车专用密封胶，以防油封漏油；而在与曲轴的密封部位则应涂上机油。

(4) 活塞连杆组的安装

活塞、连杆、连杆轴瓦应按标记配对，检查安装方向并与气缸对号入座，准确无误后，再进行装配。活塞连杆组的检查与安装步骤如下：

① 将气缸体侧置，用纱布擦拭干净气缸筒。

② 将每缸对应的活塞连杆组件(先不装活塞环)从气缸的上部装入气缸中，并把连杆大头的轴承、连杆盖按规定拧紧力矩紧固安装在曲轴连杆轴颈上。检查活塞销与活塞销支承座端面与气缸之间的间隙，其值应符合维修手册规定的技术要求，一般约为 1‰。如果不均匀，多为气缸中心线偏移或连杆弯曲所致，应予校正。

摇转曲轴，使活塞分别处于气缸上止点、下止点和中间三个位置，用塞尺分别测量活塞头部在气缸前后两个方向与气缸壁的间隙，其间隙应符合技术要求。

③ 当活塞在气缸中的位置准确无误后，再将各气缸对应活塞环分别套装在对应的活塞上。拆装活塞环必须使用专用工具。

④ 装入气缸前，要把各道活塞环开口方向按规定摆放正确，在气缸、活塞外表面、活塞销孔、环槽和环涂上机油。拿起活塞连杆总成，对准缸号、前后记号和方位后，用专用工具将活塞环夹紧在活塞上，再将连杆穿入气缸内，用锤子木柄轻轻敲击活塞顶部，将活塞轻轻敲入气缸中，同时注意连杆大头与曲轴连杆轴颈是否对正，将对应的连杆轴承盖涂上机油，按正确的方位装好，并按规定力矩拧紧连杆螺栓和螺母，有锁紧装置的应按要求锁紧。

⑤ 将各缸活塞连杆组装入气缸，并与曲轴连杆轴颈的连接装配完成后，用锤子沿曲轴轴向轻轻敲打连杆盖，连杆大头应能有轻微移动。转动曲轴时，松紧应适度。各缸活塞在上止点时，活塞顶至气缸体上平面的距离应均匀一致。

(5) 气缸盖的安装

① 将气缸垫放在气缸体的上平面上，位置、标记对准。

② 将已组装好的气缸盖总成平稳并轻轻地对准位置放下，应避免放不准而反复移动缸盖，这样可使气缸垫的位置移动。

③ 插入缸盖螺栓，按规定力矩和顺序分次均匀拧紧。

(6) 正时机构的安装

以上置式正时配气机构为例。上置式正时配气机构根据气门间隙的调整方式(液压挺杆自动调节、垫片调节、螺钉调节)的不同，安装和检验的工艺要求也各有不同，但满足正时及配气的基本要求是一致的。安装的主要步骤及工艺要求如下：

① 在气缸盖装好后，检查清洁正时配气机构安装的所有零部件。

② 将第一缸活塞置于上止点。上置式正时配气机构的曲轴正时齿轮的正时标记应与正时齿轮罩上固定的正时齿轮标记对准，第一缸活塞即处于上止点位置。第一缸活塞是否处于压缩上止点位置，则要通过观察凸轮轴的位置来判断。

③ 将凸轮轴与正时齿轮装好，凸轮轴油封发动机大修时应更换新件。

④ 将凸轮轴的正时齿轮的正时标记与缸盖或正时齿轮罩上的正时标记对准，并通过凸轮

轴的形状进一步确认第一缸处于压缩上止点。

⑤ 检查凸轮轴轴承盖的方位，在凸轮轴轴承滑动接触面上涂机油，装上凸轮轴总成。紧固凸轮轴轴承盖螺栓时，应采用多次、均匀、对称的方法紧固到规定力矩。同时，检测凸轮轴的轴向间隙是否符合规定标准。

⑥ 调整垫片式正时配气机构，检查进排气门间隙，并使之处于规定标准间隙范围。

⑦ 装上正时V带或正时链条及导链板，调整正时V带张紧轮或正时链条导链板张紧器张紧到规定的程度。

⑧ 检查所装配的正时配气机构的安装标记是否对准，若正时V带或正时链条张紧后标记有误，应重新调整。气门间隙螺钉调节正时配气机构，正时配气传动机构装配完毕后，应调整进排气门间隙到规定范围。

⑨ 装上气门室盖和正时齿轮盖。发动机大修气门室盖密封垫应更换新件，并采用多次、均匀、对称的方法紧固到规定力矩。

(7) 机油泵和油底壳的安装

安装机油泵时，传动齿轮与凸轮轴上的驱动齿轮的啮合要准确，传动轴和油泵轴要保持良好的同心度。另外，凸轮轴上的油泵齿轮除驱动机油泵外，多数型号的发动机还要用它驱动分电器。安装机油泵时，存在分电器轴与凸轮轴和机油泵的联动关系。曲轴箱附件安装完毕后可安装油底壳。油底壳密封件应更换新件，并按规定力矩对称拧紧。

(8) 进、排气歧管的安装

彻底清理进、排气歧管内部，检查其接合面的平面度，确认符合规定后，装上衬垫，再装上进、排气歧管。安装固定螺栓，然后由中间向两端逐次均匀地拧紧。

(9) 冷却系的安装

① 安装气缸盖出水管、节温器和冷却液温度感应塞。

② 安装水泵。将衬垫涂以黄油，贴在气缸体前面的水泵安装结合面，将水泵装上，拧紧固定螺钉。

③ 安装带轮轮毂和带轮，并按规定力矩拧紧螺母，有自锁开口的应安装开口销。

(10) 燃料供给系的安装

① 垫好汽油泵衬垫，安装汽油泵，拧紧固定螺钉，再联接输油管。

② 安装化油器或燃油喷射装置，联接各控制拉杆和输油管。

③ 安装空气过滤器。

(11) 润滑系其他装置的安装

① 安装加机油管和标尺。

② 安装机油滤清器(粗滤器和细滤器)、机油感应塞，联接管路，加注机油。

(12) 其他辅助装置的安装

将风扇、曲轴箱通风管道、空调压缩机、交流发电机、起动机、动力转向油泵等依次安装到发动机机体上。

四、发动机的整车装配

(1) 制定发动机整车装配工艺流程应遵循的原则

发动机的整车装配是保证发动机正常运行的重要环节之一。汽车维修企业制定发动机整车装配的合理工艺流程时，一般遵循以下原则：

① 尽量减少发动机整车装配时间。由于发动机整车装配时的空间很小，装配时有很多操纵不便，所以发动机附件装配应尽量在台架上完成，以提高装配速度。可根据发动机和汽车车身结构的不同制定合理有效的发动机装配工艺。

② 发动机吊装必须保证安全、可靠、快捷，保证设备与工具的完好性和操纵的规范性。提高操纵工人的安全意识，避免汽车零部件的碰撞和工伤事故。

③ 配备方便快捷的安装工具。对于发动机的某些特殊结构，生产厂家常常用一些特殊的专用工具。所以，维修企业必须配备常见车型的专用工具；否则，不仅会导致工效低，甚至会损坏机件。

④ 在发动机整车装配时，应对车身及其他车身零部件采取必要有效的防护措施，避免对车身油漆、装饰件、灯具、机械零部件等造成损坏。例如在发动机整车装配时，应对车身表面进行遮盖，工人着装不能有坚硬物（钥匙、拉链、V 带扣、金属扣等），如果工人身上有该类物品，在维修作业时应特别注意。

(2) 发动机整车装配的一般工艺流程

① 发动机在整车装配前一般将离合器总成、变速器总成与发动机组装在一起，然后将该组合的动力和传动部分整体装配到整车上。该工序可根据车身结构和发动机的结构，选择制定合理而有效的装配工艺。

② 选择合适的发动机总成整车装配的工装设备。发动机总成整车装配的工装设备一般有托顶升降装置和上下吊装设备两种类型。维修企业在小轿车的发动机吊装时一般用手动液压单臂吊把发动机吊起，从发动机舱上方往下吊装至发动机舱的固定安装位置。

③ 固定发动机支撑连接件，检查发动机的安装位置是否正确，尤其是肇事汽车，应认真检查曲轴中心线的位置和发动机前置后驱动的变速器输出轴的位置、发动机前置前驱动的差速器半轴输出端的位置，应保证发动机与相邻部件的有效间隙和运动部件的正常运行而不发生运动干涉的现象。

④ 按要求安装发动机与汽车底盘的连接件（如传动轴、变速器挡位操纵机构、离合器操纵机构等）并适当调整。

⑤ 安装水箱、导风罩、风扇电动机及其水管（包括暖风水管）、溢流水壶等，能以组合总成装配的尽量以组合总成装配。

⑥ 安装电器件及线束插接件。包括发电机电线的连接，起动机的安装和电线的连接，点火系统高压线、分电器、高压线圈等的安装与电线连接，传感器和开关线路的安装等。线束及电线应布置整齐，电线不能与高温机体和活动件直接接触，不能用金属刚性线卡固定，布置合理可靠，最后安装电瓶线。

⑦ 安装进气系统和排气管总成。排气管与车身的连接只能用挠性连接，因为发动机和汽车车桥相对车身都有一定的移动量。

⑧ 安装节气门控制线（油门拉线和风门拉线），并进行适当调节；连接燃油管路系统，并进行可靠固定。

⑨ 安装调试空调系统和转向助力系统。

⑩ 按发动机制造厂家的使用要求，加注冷却液、机油、燃油。

任务二　发动机的磨合与验收

任务分析：检测发动机各部件是否装配成合格的总成，须根据总成的结构、参数选用相应的设备、工具对零件进行检测与调试。在零件的检测与调试过程中就引出了一系列需要学习的知识，即要达到本项目的学习目的与要求。

任务实施：通过讲练结合，理论与实践结合，达到理论学习与动手能力相互融通，通过实践使学生更加系统和深入地了解本项目的内容，理解所学知识，并具备一定的实际动手能力。

任务要求：熟悉和理解发动机的磨合规范，掌握发动机的验收等知识。

一、发动机的磨合规范

根据发动机磨合过程中转速和负荷的不同组合，发动机的磨合通常分为冷磨合和热磨合。磨合规范包括磨合转速、磨合时间和负荷大小。

(1) 冷磨合

冷磨合是将装配好等待磨合的发动机安装固定在磨合试验台上，利用外来动力(如电动机和变速器，或磨合好的发动机)带动待磨合的发动机以不同的转速运转，在惯性负荷作用下实现磨合的方法。发动机冷磨合试验台如图 1-1 所示。

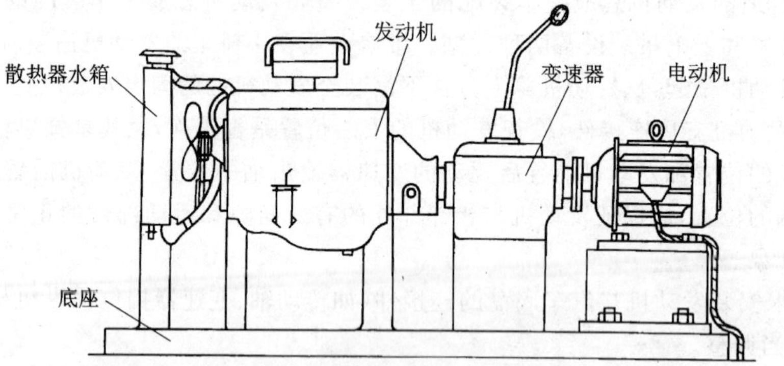

图 1-1　发动机冷磨合试验台

发动机冷磨合规范及注意事项是：

① 冷磨合的发动机要加足机油，通常用 20 号机械油作为发动机机油，机油要保持正常的机油压力，以利于散热和冲洗摩擦面。

② 冷磨合时，一般不装火花塞(汽油机)或喷油器(柴油机)，燃油供给系也应停止供油，以减轻发动机运动部件的负荷，有利于发动机运动部件初始阶段的磨合。

③ 冷磨合的发动机不接通水冷却循环系统，靠外界水循环冷却。冷却液温度控制在 70 ℃左右。

④ 冷磨合起始转速一般为 400～600 r/min，然后以 200～400 r/min 的级差逐级增加转速，冷磨合终了转速一般为 1 000～1 200 r/min。冷磨合的总时间一般为 1.5～2 h，具体磨合时间应根据零件加工质量和装配情况确定。

⑤ 发动机在冷磨合过程中，应进行以下检验：

● 顶置气门式发动机应打开摇臂室罩盖，检查摇臂的润滑飞溅情况和有无金属摩擦声。

如听到“叽叽”的干摩擦声，则说明摇臂衬套润滑不良，应查明原因并排除。

- 检查有无漏水、漏油现象。
- 检查发动机各运转磨合部位，发现异响，应查明原因，并予以调整和排除。
- 检查活塞环有无泵油、喷油现象（火花塞孔不应有喷油现象），将白纸放至火花塞的上面片刻，查看纸面上有无油渍。
- 观察发动机运转是否平稳，如有严重抖动，应检查发动机运动件的平衡状况和旋转件的同轴度等。

⑥ 发动机冷磨合完成后，应放出全部机油，加入清洗油（90％的柴油和10％的车用机油），再运转5min，放出清洗油，并清洗各油道；必要时，可将各主要零件解体清洗检查。

(2) 热磨合

热磨合是在冷磨合的基础上，以发动机自身发出的动力进行运转磨合试验的过程，通常也称为热试。热磨合是为了检查发动机是否达到了应有的装配性能，同时为发动机作汽车行使前的走合，以保证发动机的正常使用和竣工验收。

热磨合分无负荷热磨合和有负荷热磨合两种。

1）无负荷热磨合

无负荷热磨合的目的除进一步磨合外，还要对发动机的油、电路进行必要的检查和调整，排除故障。其磨合规范及注意事项是：

① 采用该发动机的冬季用机油。

② 按规定程序起动发动机，在空载情况下，以规定转速800～1 000 r/min运转1 h。

③ 调整润滑系、燃料系、冷却系和点火正时等，使其符合标准，达到最佳状态。

④ 检查机油压力是否正常。若不正常，应立即停机排除故障。

⑤ 检查发动机的冷却液温度、机油温度是否正常。若不正常，应检查排除。

⑥ 若发现异响，特别是当发动机运转阻力增大时，应立即停机检查，及时排除故障。

⑦ 发动机热磨合时，各部位应无漏水、漏油、漏气和漏电等现象，否则应查找原因并排除。

2）有负荷热磨合

有负荷热磨合就是用试验台的加载装置对发动机加载增速进行磨合。一般增加的载荷约为发动机额定负荷的10％～15％。有负荷热磨合的目的是进一步改善摩擦副工作表面的微观不平度，检验新修发动机的功率恢复情况。有负荷热磨合时应注意：

① 冷却液温度、油压和油温应符合原厂规定。

② 发动机在各种工况（负荷）下应运转平稳、无异响，发现故障应及时排除。

③ 及时调整点火提前角至最佳值。

发动机热磨合结束之后，还必须拆检主要机件，气缸压力（或真空度）应符合大修规定；抽出活塞连杆组，检查气缸有无拉伤和偏磨；检查活塞裙部的接触面是否磨合正常，活塞环的外表面与气缸的磨合痕迹应不小于外表面积的90％，环的开口间隙不大于装配间隙的25％；检查主轴承和连杆轴承的磨合情况；拆除凸轮轴，检查轴承、凸轮及挺杆等各摩擦副的配合情况。经过检查，若发现不正常现象，应进行排除，必要时重新磨合。

二、发动机的验收

发动机大修后，经过冷磨合、热磨合，试验检测合格，即可进行竣工验收。发动机验收，必须按汽车修理技术标准中的有关规定执行。根据GB/T 15746.2—1995《发动机大修质量评定标准》的规定，主要验收项目及要求是：

① 装备与装配。发动机装备齐全有效，装配符合 GB/T 3799.1—2005 中的有关规定。

② 起动性能。在发动机正常工作温度下 5 s 内能起动。

③ 进气歧管真空度。以海平面为基准，汽车发动机怠速时，进气歧管真空度应在 57070 kPa 范围内；进气歧管真空度波动值对于六缸汽油机不超过 3 kPa，对于四缸汽油机不超过 5 kPa。

④ 气缸压力。气缸压缩压力应符合原设计规定，气缸压力与各缸平均压力的差对于汽油机不超过 8%，对于柴油机不超过 10%。

⑤ 运转情况。发动机怠速运转稳定，其转速符合原设计规定，转速波动不大于 50 r/min；改变转速时应过渡圆滑；突然加速或减速时排气管中不得有突爆声，无回火、放炮现象；在正常工况下运转时，不得有异常响声。

⑥ 发动机机油和冷却液规格、数量符合原厂规定，机油压力和冷却液温度正常。

⑦ 动力性能。发动机最大功率和最大转矩均不得低于原设计标定值的 90%。

⑧ 燃料消耗率。发动机最低燃料消耗率不得高于原设计要求。

⑨ 排放性能。发动机排放应符合 GB/T 18285—2005 的规定。

⑩ 其他。发动机应无漏水、漏油、漏气和漏电现象；柴油机停机装置应灵活有效；发动机应按规定加装限速装置，并加铅封；对有分电器的电喷发动机可适当减小点火提前角，走合一定里程后再恢复。

项目二　底盘装配与调整

项目目的

掌握汽车底盘部分典型部件总成的拆装与调试方法及要求，具备工艺分析及制定拆装与调试工艺的能力；具备分析研究拆装与调试质量的初步能力；具备实际拆装与调试底盘零部件的能力。

项目要求

掌握汽车底盘拆装与调试的方法和步骤。

熟练进行汽车底盘拆装与调试，养成良好的职业习惯。

任务一　离合器的拆装、检测与调整

一、实训目的与要求

① 观察分析离合器在汽车上的布置位置和操纵机构的连接关系。

② 能正确拆装调整离合器。

③ 能正确检测离合器从动盘、压盘、膜片弹簧和分离轴承。

④ 掌握离合器踏板自由行程的调整要领。

二、实训设备与器材

① 常用工具、量具各一套。

② 膜片弹簧式离合器总成1套，装备膜片弹簧式离合器整车1台。

③ 周布弹簧式离合器总成1套，装备周布弹簧式离合器整车1台。

三、注意事项

① 拆装离合器必须在拆装台上进行。

② 注意零件的清洗方法，不得损坏摩擦片及其他零部件。

③ 离合器盖与飞轮之间应做标记后再拆卸。

四、操作步骤

（一）膜片弹簧式离合器的拆装、检测与调整

1. 膜片弹簧式离合器组成

该型离合器的组成如图 2－1 所示。

2. 离合器的拆卸

① 拆下变速器。

② 用专用工具将飞轮固定（如图 2－2 所示），然后逐渐将离合器压盘的固定螺栓对角拧松（注意观察压盘和飞轮的装配标记），取下离合器盖及压盘总成，并取下离合器从动盘。

③ 拉出分离轴承。

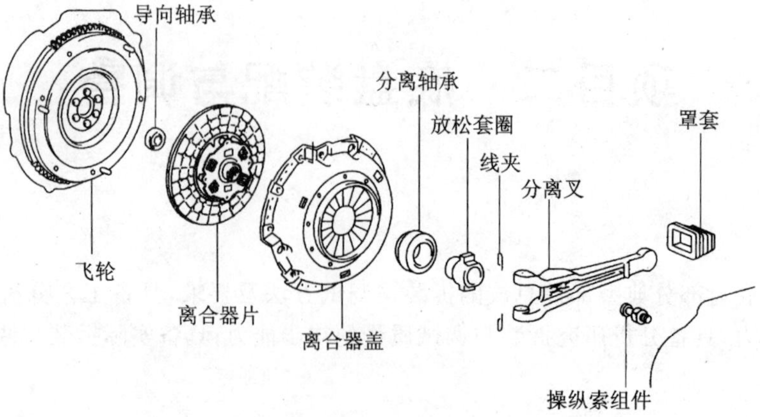

图 2-1　膜片弹簧式离合器的组成

④ 拆下分离轴承导向套和橡胶防尘套、回位弹簧。

⑤ 用尖嘴钳取出卡簧及衬套座，取出分离叉轴。

3. 离合器的安装

① 用专用工具将飞轮固定。

② 如图 2-3 所示，用专用工具将离合器从动盘定位于飞轮和压盘中心。

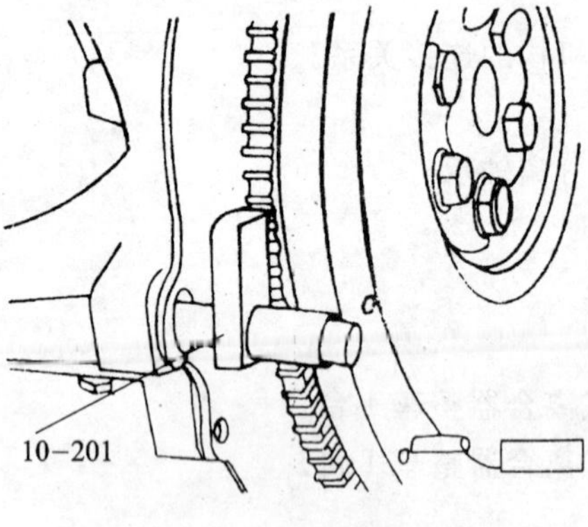

图 2-2　用专用工具固定飞轮

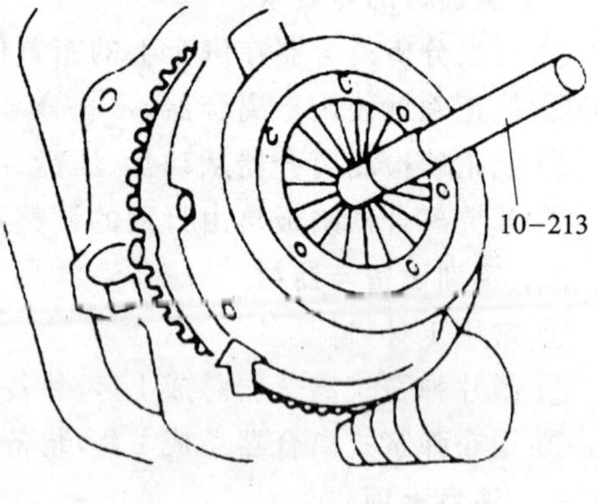

图 2-3　离合器的安装

③ 装上紧固螺栓，并用 25 N·m 的力矩对角逐渐拧紧。

4. 离合器踏板自由行程的调整

① 桑塔纳轿车离合器的调整主要是离合器踏板自由行程的调整。离合器踏板自由行程应为 15～20 mm。绳索式操纵装置的离合器踏板自由行程的调整是靠离合器拉索的调整进行，具体可通过图 2-4 中箭头所示的调整螺母进行。

② 离合器踏板总行程的调整：总行程的标准为 150 mm±5 mm；方法为驱动臂的调整。

5. 离合器的检测

(1) 检修注意事项

① 应更换纸质密封垫圈，更换 O 形环。

② 用千分尺多点检测调整垫片，可以精确地测出所需垫片的厚度。检查调整垫片边缘是否有损坏，只能装入完好的调整垫片。

③ 调整挡圈及锁圈，不能拉开过度，必须将其完全放在槽内。

④ 固定盖和罩壳的螺栓和螺母，应交叉拧紧和拧松（特别是易损件），并且应按规定的拧紧力矩拧紧螺栓和螺母。

⑤ 将有标志的一面的滚针轴承（壁厚较大）朝向安装工具，在轴与轴承之间涂一层润滑油。所有的轴承和接触表面均使用白色 ET－Nr. AOS12600005 润滑脂润滑。

⑥ 在进行离合器踏板修理工作时，应将蓄电池搭铁线拆下。

(2) 从动盘（离合器片）的检验与修理

① 检查从动盘摩擦衬片的磨损。如图 2－5 所示，当铆钉头沉入摩擦表面的深度小于 0.3 mm 时，应更换从动盘。

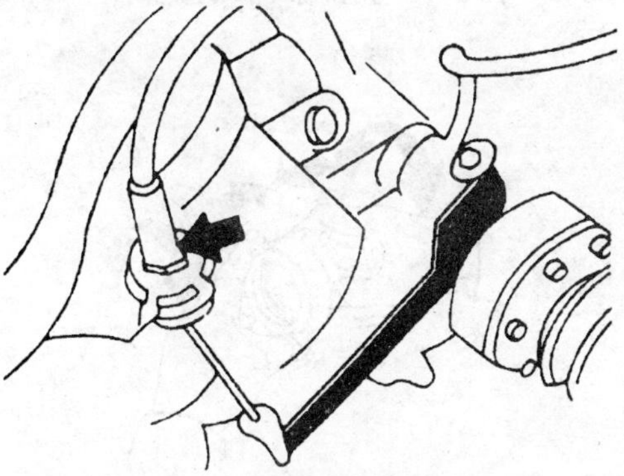

图 2－4　离合器踏板自由行程的调整

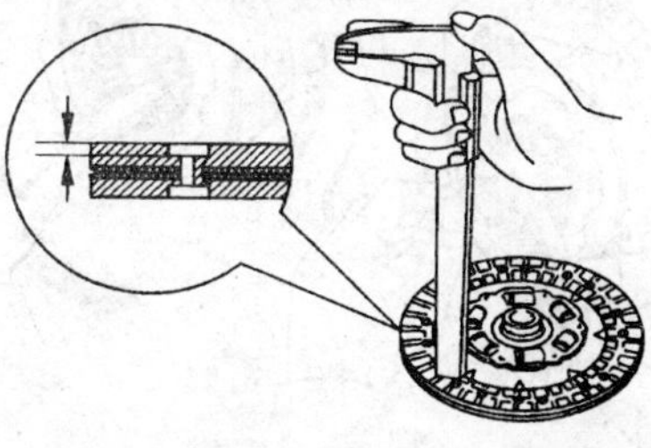

图 2－5　用游标卡尺测铆钉孔深度

② 将从动盘置于配套的符合标准的压盘上，用塞尺测量从动盘与压盘间的间隙，应不大于 0.08 mm。

③ 检查飞轮摆振。将磁力表座吸附在发动机机体上，百分表表针抵在飞轮的最外圈，如图 2－6 所示。最大摆振应小于 0.1 mm；如摆振超差，应修理或更换飞轮。

(3) 压盘的检验与修理

① 压盘翘曲变形的检验。将压盘摩擦面扣合在平板上，用塞尺在其缝隙处测量，压盘表面不平度不得超过 0.12 mm。

② 压盘表面光洁度检验。压盘表面不能有明显的沟槽，沟槽深度应小于 0.30 mm。

③ 压盘的翘曲或沟槽可用平面磨床磨平，加工后的厚度应不小于标准厚度 2 mm。

(4) 膜片弹簧式离合器膜片弹簧的检查

① 膜片弹簧磨损的检查。使用游标卡尺测量膜片弹簧与分离轴承接触部位磨损的深度与宽度，如图 2－7 所示。深度应小于 0.6 mm，宽度应小于 5.0 mm；否则，应予更换。

② 膜片弹簧变形的检查。如图 2－8 所示，用维修工具盖住弹簧片小端，用塞尺测量每个弹簧片小端与维修工具平面的间隙，弹簧片小端应在同一平面上，弯曲变形不得超过0.5 mm；否则，应用图 2－8 所示的维修工具将弯曲变形过大的弹簧片小端撬起进行调整。

(5) 分离轴承的检查

如图 2－9 所示，用手固定分离轴承内缘，转动外缘，同时在轴向施加压力，如有阻滞或有明显间隙感时，应更换分离轴承。

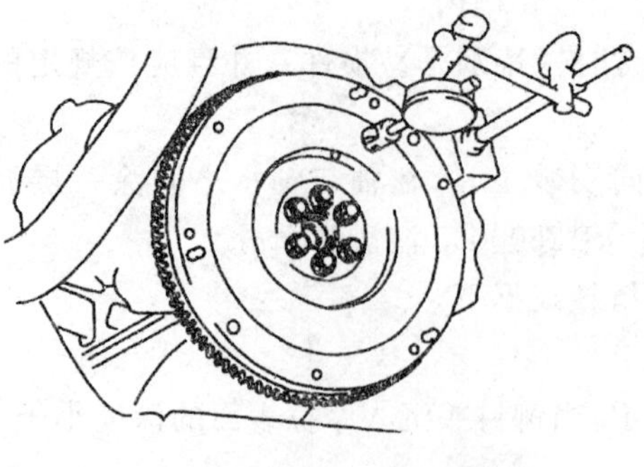

图 2-6　用百分表测量飞轮摆振

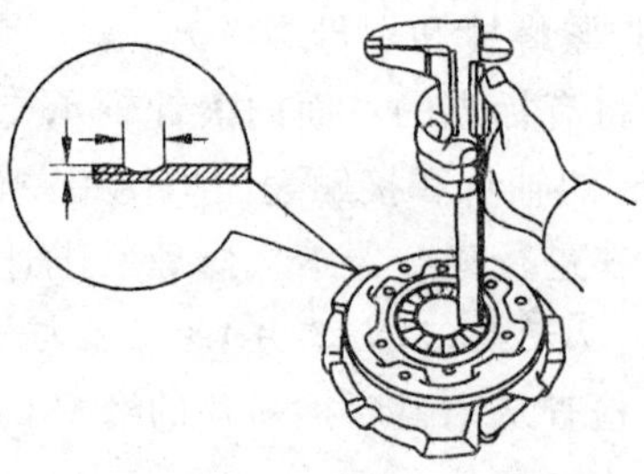

图 2-7　用游标卡尺测量膜片

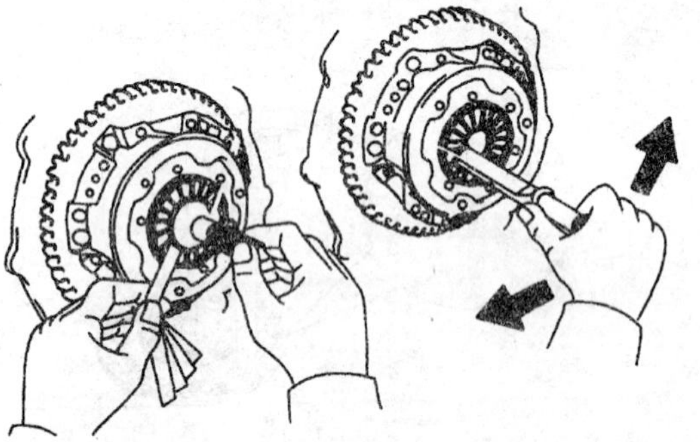

图 2-8　膜片弹簧变形的检查

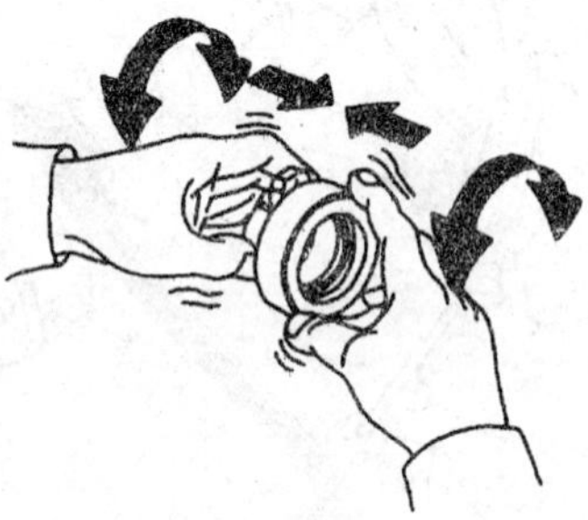

图 2-9　分离轴承的检查

(6) 飞轮上导向轴承的检查

如图 2-10 所示,用手转动轴承,在轴向加力,如果轴承有阻滞或有明显间隙感时,应更换导向轴承。

(7) 装配离合器

在装配离合器前,应在如图 2-11 所示的位置涂润滑脂。

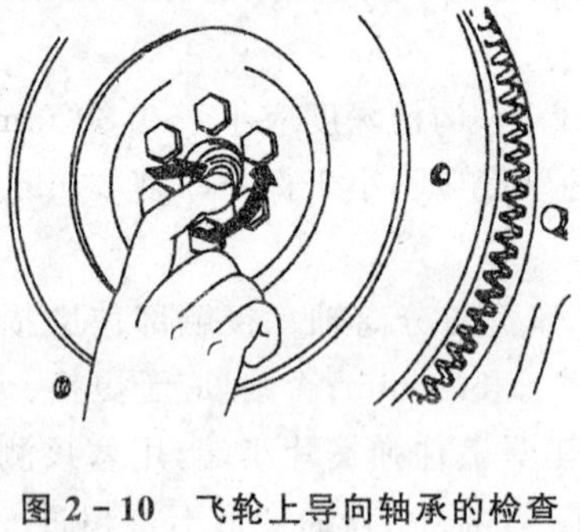

图 2-10　飞轮上导向轴承的检查

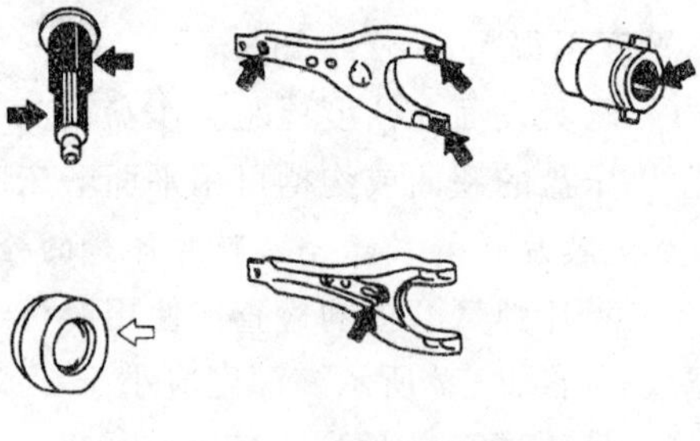

图 2-11　涂润滑脂的位置

6. 离合器液压操纵系统的拆装与检测

图 2-12 所示为车风 EQ1090E 型汽车离合器的操纵机构。

(1) 离合器主缸的拆卸与分解

在解体离合器主缸前,应排净主缸中的制动液。主缸分解过程是:取下防尘罩,用螺钉旋

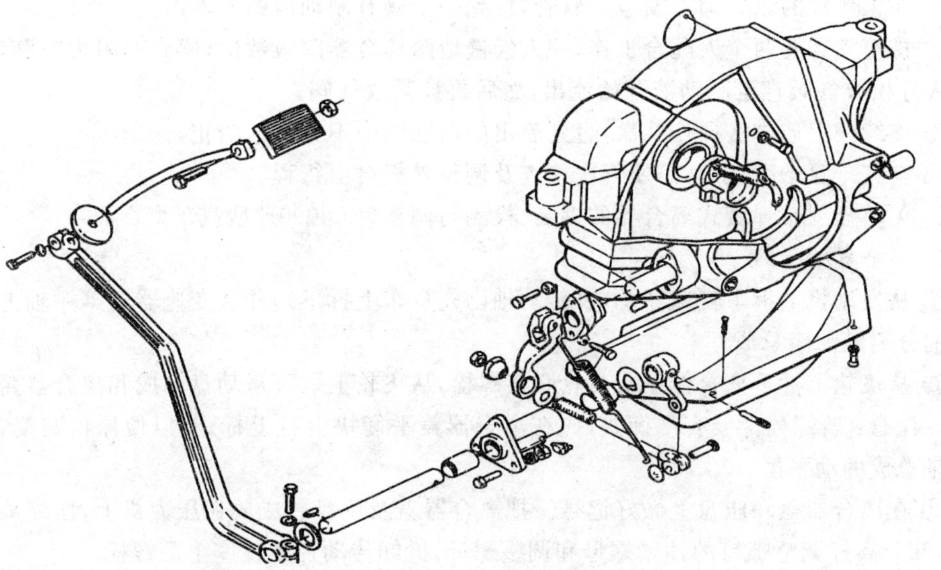

图 2－12　东风 EQ1090E 型汽车离合器的操纵机构

具或卡环钳拆下卡环，拉出主缸推杆、压盖和活塞。

(2) 离合器工作缸的拆卸与分解

拧下工作缸进油管接头，再拆下工作缸固定螺栓，即可拉出工作缸。

工作缸的分解过程是：拉出工作缸推杆，拆下防尘罩，然后用压缩空气将工作缸活塞从缸筒内压出来。

(3) 主缸、工作缸的检修

主缸和工作缸是离合器液压操纵系统的主要部件，其工作性能的好坏直接影响离合器的工作性能。当出现缸筒内壁磨损超过 0.125mm，活塞与缸筒的间隙超过 0.20mm，皮圈老化及回位弹簧失效等情况时，应更换相应零件。

(4) 离合器主缸、工作缸的装配

主缸和工作缸的装配按拆卸与分解相反顺序进行，但装配时还应注意以下事项：

① 零件在装配前要用非腐蚀性液体清洗干净，并在活塞、皮碗、皮圈、缸套等零件上涂一层制动液。装合后推杆在缸筒内运动应灵活。在放松(不工作)位置时，主缸皮碗和活塞头部应位于进油孔和补偿孔之间，两孔都开放。工作缸上带有塑料支承环，安装时外表面要涂上一层薄薄的润滑油，工作缸推杆末端也要涂上润滑脂润滑。

② 安装离合器工作缸时，需要用一个适应的杠杆克服弹簧的弹力，将其压向变速器壳相应的孔中后，方能将固定螺栓旋入。

(5) 离合器液压系统中空气的排出

离合器液压操纵系统在经过检修之后，管路内可能进入空气，在添加制动液时也可能使液压系统中进入空气。空气进入后，由于缩短了主缸推杆行程即踏板工作行程，从而使离合器分离不彻底。因此，液压系统检修后或怀疑液压系统进入空气时，就要排除液压系统中的空气。排除方法如下：

① 用千斤顶顶起汽车，然后用支架将汽车支住，将主缸储液罐中的制动液加至规定高度。

② 在工作缸的放气阀上安装一软管，接到一个盛有制动液的容器内。

③ 排空气需要两个人配合工作，一人慢慢地踏离合器踏板数次，感到有阻力时踏住不动，另一人拧松放气阀直至制动液开始流出，然后再拧紧放气阀。

④ 连续按上述方法操作几次，直到流出的制动液中不见气泡为止。

⑤ 空气排除干净之后，需要再次检查及调整踏板自由行程。

（二）单盘周布弹簧式离合器的拆装、检测与调整（EQl090E 型汽车离合器）

1. 离合器的拆卸

① 从发动机上拆下变速器总成（传动轴已先从车上拆下），并从变速器的第一轴上取下离合器的分离轴承座总成。

② 从飞轮上拆下离合器盖与飞轮联接螺栓，从飞轮上取下从动盘总成和离合器盖及压盘总成。注意：若螺栓上装有平衡块，应在离合器盖平衡块上打上标记，以便原位装复，以免破坏曲轴总成的动平衡。

③ 在离合器盖和压盘上做好记号。把离合器盖及压盘总成放在压力机上，压缩离合器弹簧，拆卸分离杆调整螺钉的锁紧螺母和调整螺母，拆卸传动片螺栓座上的螺栓。

④ 慢慢卸去离合器盖上作用的压紧力（由压力机产生的压紧力），待压紧力全部卸去后，离合器压盘及盖总成全部解体。

2. 离合器的装配与调整

(1) 装配离合器

① 按分解相反的顺序装配。检查压相盘传动片是否完好，若有损坏应先成组更换，并将它和离合器盖铆接在一起，在离合器盖上装上分离杠杆弹簧。在压床上或专用装配台上组装压盘。用压床或气动夹具将离合器盖底面夹紧在平台上，在分离杠杆调整螺钉的端头拧入调整螺母。

(2) 分离杠杆的调整

① 用分离杠杆调整螺母将四个分离杠杆端面调到距飞轮表面为 56±0.2 mm 范围内，拧紧锁紧螺母。

② 螺母锁紧后，四个分离杠杆端面应在同一平面内，其高度误差不得超过 0.4 mm。

(3) 将离合器与从动盘总成装在飞轮上

将离合器与从动盘总成装在飞轮上，并按要求逐次均匀拧紧紧固螺钉。注意：装入从动盘时，应使短毂朝前，不能装反。

(4) 检查分离杠杆端面至飞轮表面的距离

检查分离杠杆端面至飞轮表面的距离是否在上述规定范围内；四个分离杠杆端部至从动盘表面距离是否位于同一平面内，否则调整分离杠杆调整螺母。

(5) 复装变速器

按拆卸的逆顺序把变速器装于汽车上后连接操纵机构。

(6) 离合器踏板自由行程的调整与检查

① 调整分离拉杆上的调整螺母，使离合器踏板的自由行程在 30～40 mm 之间，然后用螺母锁紧。

② 当脚踏板完全放松时，分离轴承与分离杠杆内端间隙为 3～4 mm，相应的“踏板自由行程”为 30～40mm，可用直尺检测。具体方法是，先测出踏板完全放松的高度，再测出当用手按

下踏板感觉有阻力时的高度，前后两次的高度差就是自由行程。

五、几种车型离合器的调整修理技术数据(表2-1)

表2-1 几种车型离合器的调整修理技术数据

项目 车型	摩擦片厚度/mm		分离杠杆与轴承间隙/mm	踏板自由行程/mm	摩擦片铆钉头最小深度/mm	分离杆断头与飞轮平面的距离
	标准	使用极限				
解放CA1091	4	2.8	3～4	30～40		71±0.5 mm
EQ1090E	4		3～4	30～40	0.5	56±0.2 mm
奥迪100			1.5～2.0	15～25	0.3	
桑塔纳			1.5	15～20	0.3	
BJ492Q			3～4	30～40		51.5～53 mm

任务二 手动变速器的拆装、检测与调整

一、实训目的与要求

① 观察变速器与发动机的联结关系。

② 了解变速器操纵机构的结构特点。

③ 掌握装拆两轴式和三轴式变速器的方法与技能，装配后变速器的工作性能应正常。

④ 了解并掌握变速器壳体、换挡机构、齿轮及轴的表面损伤检测方法。

⑤ 掌握同步器磨损、齿轮轴的弯曲变形及磨损的正确检测方法。

二、实训设备与器材

① 桑塔纳两轴式手动变速器1台，EQl090E型汽车五挡变速器一台。

② 磁力表座、百分表1套，平板1块，维修工具l套，塞尺1把，V型铁2块，扭力扳手一把。

三、操作步骤

(一) 两轴式变速器(以普通桑塔纳变速器为例)

1. 变速器总成的拆卸

① 拆下蓄电池的搭铁线。

② 拆下离合器拉索。

③ 举升起汽车，将传动轴(半轴)从变速器上拆下来并支撑好。

④ 旋松变速器操纵机构的内换挡杆螺栓，压出支撑杆球头并将内换挡杆与离合块分离。

⑤ 拆下倒挡灯开关的接头，拆下车速里程表软轴。

⑥ 卸下离合器盖板，拆下排气管。

⑦ 放下汽车并将发动机固定好，拆下发动机与变速器上部的连接螺栓。

⑧ 举升起汽车，拆下起动机的紧固螺栓，拆下发动机中间支架。

⑨ 拆下螺栓 1，并旋松螺栓 2，如图 2－13 所示；拆下变速器减振垫和减振垫前支架。

⑩ 拆下发动机与变速器下部的连接螺栓，并拆卸变速器，如图 2－14 所示。

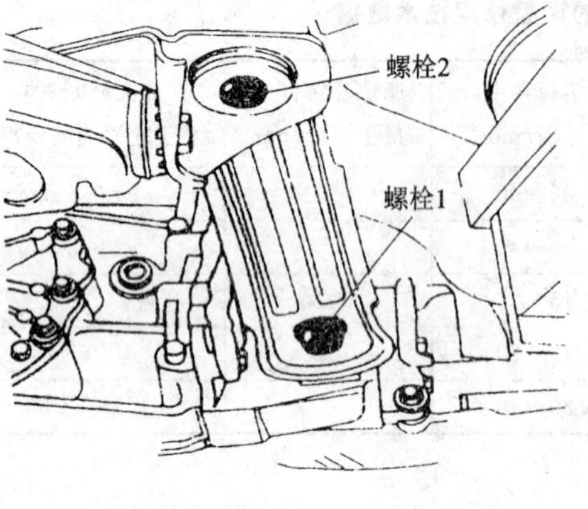

图 2－13　拆下螺栓 1 并旋松螺栓 2

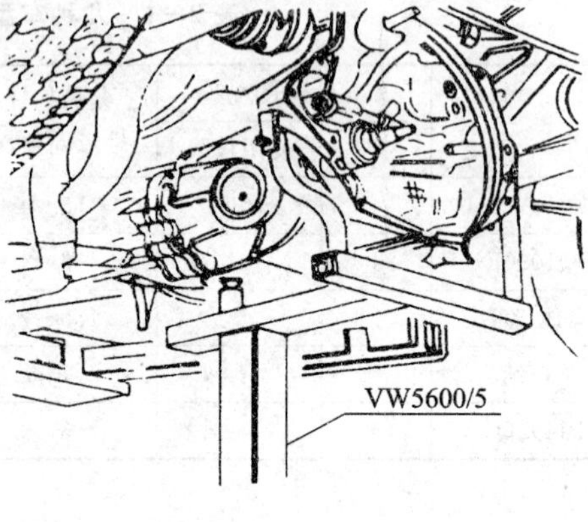

图 2－14　拆卸变速器

2. 变速器总成的分解

① 把变速器放在修理台或修理架上，放出变速器机油。

② 将变速器后盖拆下，取出调整垫片和密封圈。

③ 小心地将第三、四挡换挡滑杆向第三挡方向拉至小的挡块取出，将换挡杆重新推至空挡位置。（注意：换挡滑杆不能拉出太远，否则同步器内的挡块会弹出来，换挡滑杆将不能回到空挡位置。）

④ 倒挡和第一挡齿轮同时啮合，锁住轴，旋下主动锥齿轮螺母。

⑤ 用工具顶住输入轴的中心，取下输入轴的挡圈和垫片。

⑥ 用拉器拉出输入轴的向心轴承。

⑦ 若没有专用工具，先旋出壳体和后盖的连接螺栓，用塑料锤（或木锤）敲击输入轴的前端和后壳体，直至后盖和后壳体结合处出现松动。

⑧ 变速器壳体固定在台钳上，钳口应有较软的金属保持垫片，以防夹坏机件。

⑨ 取出第三、四挡换挡拨叉的夹紧套筒，将第三、四挡换挡杆往回拉，直至可以将第三、四挡换挡杆拨叉取出为止。

⑩ 将换挡拨叉重新放在空挡位置，取出输入轴。压出倒挡齿轮轴，并取出倒挡齿轮。用小冲头冲出第一、二挡换挡拨块上的弹性销，并取出弹性夹片；用工具拉出输出轴总成。（注意：在拉出输出轴总成的同时，应注意第一、二挡拨叉轴的间隙，以防卡住。）

3. 变速器输入轴总成的分解与组装

（1）输入轴总成的分解

拆下挡圈，取下第四挡齿轮，用压床压出第三、四挡同步器齿毂。

（2）输入轴总成的组装

① 组装好第三挡齿轮和轴承，压入第三、四挡齿毂齿套，齿毂内花键的倒角朝向第三挡齿轮的方向。

② 压入第一、二挡齿毂齿套，齿毂和齿套安装时，槽应对着第一挡齿轮。

③ 安装滑块弹簧时，其开口错开 120°，弹簧弯曲端须固定在滑块内。

4. 变速器输出轴总成的分解与组装

(1) 输出轴总成的分解

先压出第一挡齿轮和轴承，压出第二挡齿轮和同步器总成，压出第三挡齿轮和第四挡齿轮。(注意：压出前应拆下各轴向挡圈。)

(2) 输出轴总成的组装

① 压入第四挡齿轮时，齿轮的凸肩应朝向轴承。

② 第四挡齿轮的挡圈与挡圈槽的间隙应尽量小些，可通过选择厚度合适的挡圈来达到。

③ 将第三挡齿轮通过加热板加热至 120 ℃后压入，凸肩朝向第四挡齿轮。

④ 同步器的组装。第一挡同步环有三个位置缺齿，这种同步环只能用于第一挡，更换时，也可以使用不缺齿的。组装第一、二挡同步器时，齿毂上有槽的一面朝向第一挡，即朝向齿套拨叉环这一侧。

⑤ 将第一、二挡同步器总成压入到轴上，齿毂有槽的一面朝向第一挡齿轮(即朝后)。然后再装入一挡齿轮中的滚针轴承，套上一挡齿轮后，最后压入双列滚锥轴承。

⑥ 如果要更换输出轴前后轴承，则应从变速器前后壳体中分别压出和压入轴承外座圈，应当平整地压入。

5. 变速器各零件的检测

(1) 锁环式同步器的检测

① 锁环内锥面的磨损情况检查。如图 2-15 所示，将锁环套在接合齿的齿端锥面上，转动同步环，把其压入以检查制动效果；同时用塞尺测量同步环背与齿轮花键端之间的间隙，应约为 1 mm，否则应更换。

② 齿环牙齿的检查。齿环牙齿的损坏主要有两种情况，一种是沿轴线方向磨薄；另一种是牙齿尖端角度发生改变或磨成凸形(两侧倒角均为 45°)。如果发生第二种情况，应予更换。

③ 用塞尺测量换挡拨叉与接合套的轴向间隙(注意：应沿接合套的整个圆周测量)，最大间隙为 1.0 mm。

(2) 检测输入、输出轴的弯曲度

如图 2-16 所示，将轴支于 V 型铁上，并置于平板上，用百分表测量轴中间部分的圆跳动，最大不超过 0.06 mm。

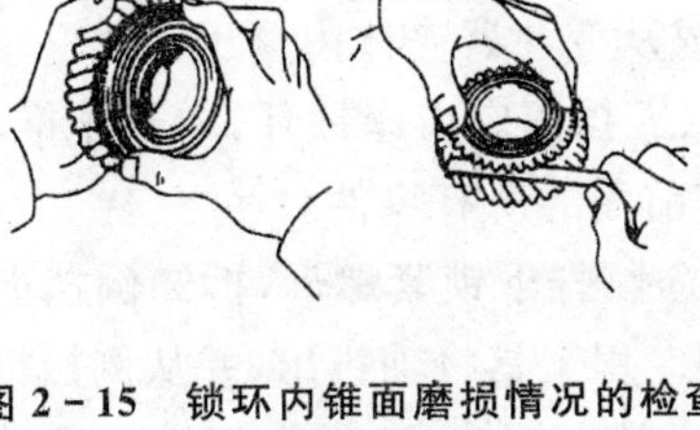

图 2-15　锁环内锥面磨损情况的检查

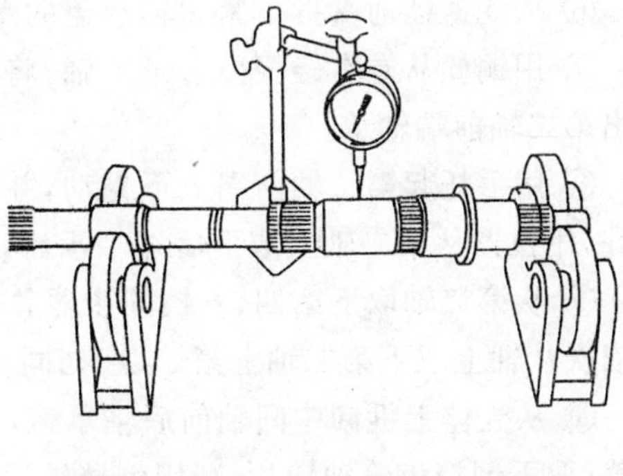

图 2-16　输入、输出轴弯曲度的检查

(3) 检测齿轮和轴间间隙

如图 2-17 所示，将齿轮装配在对应的轴上，将轴固定于钳台上，磁力表座固定于钳台，百分表表针抵在齿轮上，用手上下推动齿轮，记录百分表读数，应小于 0.03 mm。

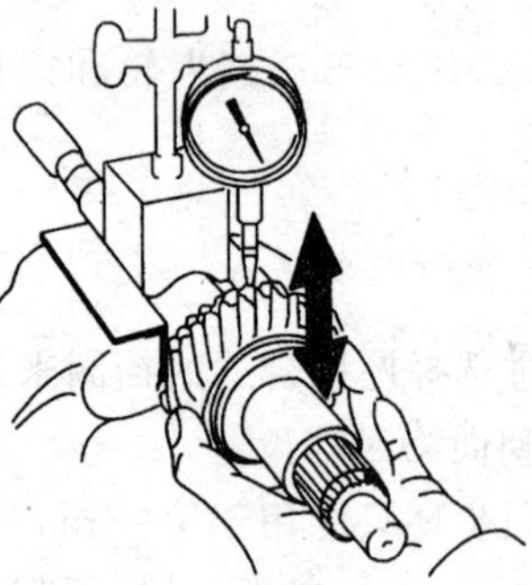

图 2－17　齿轮和轴间间隙的检查

(4) 检查所有油封是否磨损或损坏

包括前轴承盖、速度计从动齿轮、选挡外杆、延伸壳上的油封等，如有必要应更换。

(5) 检查各轴承

检查各轴承是否磨损，如有必要应更换。

6. 变速器的装配

变速器变速传动机构的组装（组装时按分解的逆顺序进行）：

① 压入输出轴总成。压入输出轴总成时，要将换挡杆与第一、二挡换挡拨叉和输出轴总成一起装入后壳体，然后再压入后轴承。压入时，请注意第一、二挡换挡滑杆的活动间隙；必要时，轻轻敲击以免卡住。

② 安装第一、二挡拨块，压入弹性销，安装倒挡齿轮，压入轴。

③ 安装输入轴时，要拉回第三、四挡拨叉，以能够装入滑动齿套为止，同时应位于空挡位置，并用弹性销固定好拨叉。

7. 变速器总成的安装

变速器总成的安装应按拆卸相反的顺序进行；如果需要，可调整离合器踏板自由行程。

(二) EQ1090E 型汽车五挡变速器的拆装与调整

1. 变速器的拆卸

① 旋出放油塞，放净变速器内的润滑油，拆卸传动轴，拆去变速器与离合壳的四个紧固螺栓，变速器带离合器分离轴承座和驻车制动器总成即可平行退出。

② 从变速器第一轴轴承盖上取下分离轴承。

③ 拆下驻车制动鼓上两个固定螺栓，取下驻车制动鼓，拧松螺母，取下碟形弹簧，拉出突缘，然后拆去驻车制动机构的各联接件。

④ 拆下变速器上盖总成。

⑤ 拆下变速器第二轴后轴承盖。

⑥ 从变速器前端拆下紧固轴承盖的螺栓上的钢丝锁线和螺栓，然后取下轴承盖。

⑦ 用铜棒从左右轻轻敲击第一轴，将第一轴连同轴承一起从前端拔出，然后从第一轴中取出第二轴前端轴承。

⑧ 用手托起第二轴前端上下晃动，并用铜棒左右敲击第二轴的后端，将第二轴向后退出稍许，用拉器从第二轴上取下后端轴承后，将第二轴总成从变速器壳体内拿出。

⑨ 从第二轴取下第四、五挡同步器总成，拆下第四、五挡固定齿座锁环，取下止推环，则可以依次从轴上取下第二轴上第二、三挡同步器总成及其前面的所有零件。

⑩ 从壳体上拆卸中间轴前后轴承盖，撬开后轴承锁片，拧下锁紧螺母，拆卸倒挡齿轮检查孔盖，取下倒挡齿轮轴锁片，利用倒挡轴后端的螺纹，用专用工具将轴拔出，并从倒挡检查孔取出倒挡齿轮和轴承及隔套；将铜棒顶在中间轴前端，用锤敲击铜棒，于是中间轴总成带后轴承从壳体向后脱出；用拉器从轴上拉下后轴承后，便可从壳体内取出中间轴总成；再用铜棒在壳体内侧顶住中间轴前轴承外圈，用锤敲击铜棒，取出中间轴前轴承。

⑪ 从中间轴上取下弹性挡圈，用压床将常啮合齿轮压出。

⑫ 变速器顶盖的拆卸（图 2－18）。拆下变速器盖总成后，拆除弹簧，顶盖总成即可解体。

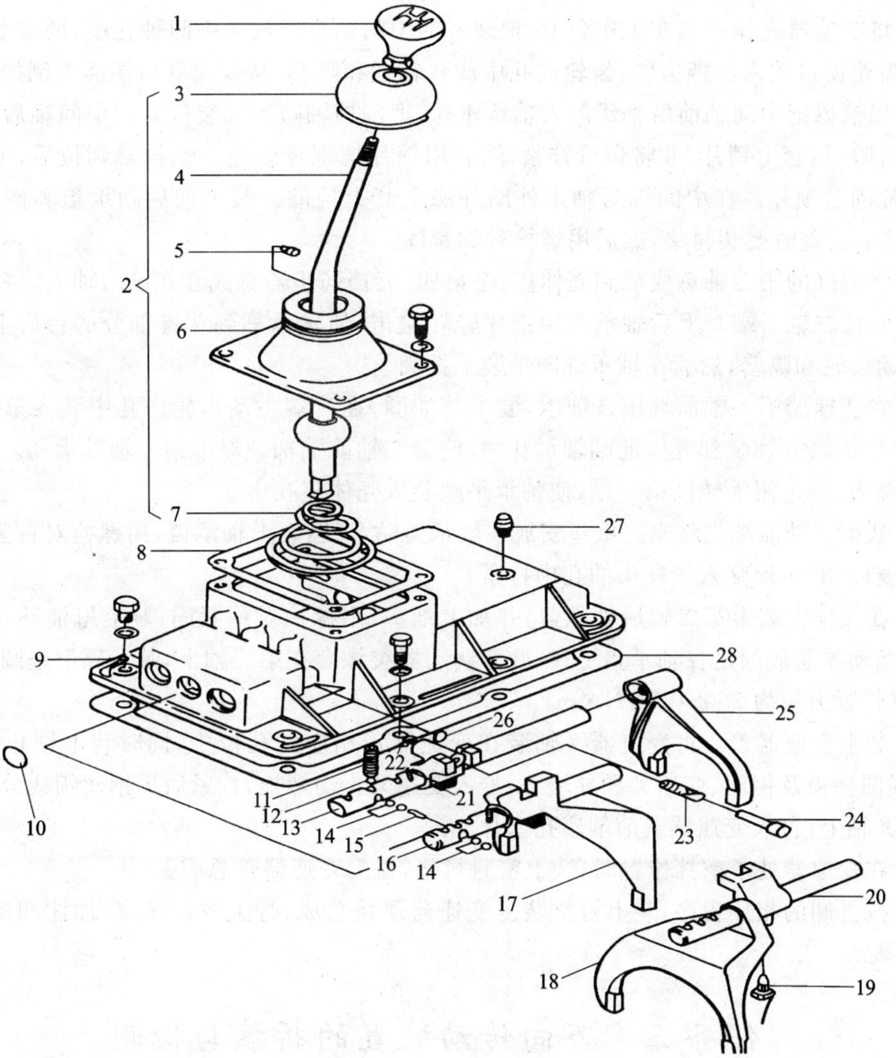

1—操纵手柄；2—顶盖总成；3—防尘罩；4—操纵杆；5—操纵杆限位销；6—顶盖带衬套总成；7—弹簧；8—衬垫；9—上盖；10—塞片；11—变速叉轴自锁弹簧；12、14—自锁钢球；13—一、倒挡变速叉轴；15—互锁圆柱销；16—二、三挡变速叉轴；17—二、三挡变速叉；18—四、五挡变速叉；19—变速叉止动螺栓；20—四、五挡变速叉；21—一、倒挡导块；22—挡圈；23—安全止柱弹簧；24—安全止柱；25—一、倒挡变速叉；26—塞片；27—通气塞；28—衬垫

图 2－18　变速器盖及操纵机构分解图

⑬ 拆除变速器叉和导块上的铜丝锁线，拧松止动螺栓，用专用工具顶住变速器叉轴后端，用力冲击，使变速叉轴顶掉变速器盖上的三个塞片。这样，叉轴便从箱盖前端脱出，并可取出变速叉。注意：当变速叉轴从上盖内向前伸出一定距离时，可用手握住，边转动边向前拉，同时还要防止锁止弹簧和钢球从盖上弹出。

2. 变速器的装配

① 装合中间轴总成,齿轮应依次压入,注意齿轮的内凹槽必须对准轴上的半圆键,以免零件压坏;装合第二轴总成,并注意第二、三挡同步器滑动齿套凸出的一面安装时应朝前。

② 将变速器壳体固定在工作台上,把装好的中间轴总成放入中间轴孔中,两端套上轴承。从倒挡齿轮窗口放入倒挡齿轮,齿轮内孔中放入轴承和隔套,从变速器后端插入倒挡齿轮轴。

③ 用铜棒把中间轴前后轴承敲入轴承座孔,把倒挡轴敲到安装位置。中间轴后端轴承贴紧轴颈台阶后,套上锁片,并将螺母拧紧,然后用锁片把螺母锁止。倒挡轴到位后,卡上锁片,并用螺栓固定锁片。在中间轴后轴承外圈外缘上套上挡圈。装上前后轴承盖和倒挡窗口盖板。注意:装盖时要装衬垫,然后用螺栓对称紧固。

④ 将装好的第二轴总成放到壳体里;把第四、五挡同步器总成套在第二轴上。

⑤ 从第二轴后端套上后轴承并用铜棒轻轻敲击,使轴承靠到花键部分的台肩上,套入里程表主动齿轮和隔套,然后在轴承外圈上装上挡圈。

⑥ 在变速器第一轴前端压入轴承,装上挡油圈,在后端主动齿轮内孔中装入第二轴支承轴承,然后把第一轴装到壳体前端轴承孔中,使第二轴前端轴颈对准第一轴轴承孔。用铜锤一边轻轻敲击,一边用手转动第一轴,使轴承平顺装入壳体座孔中。

⑦ 从第一轴前端先将密封纸垫安放在轴承盖贴合处,套上轴承盖,用螺栓对称紧固,并用钢丝锁线以“8”字形穿入螺柱头的孔中拧紧。

⑧ 在壳体上装上第二轴后轴承盖,并加上纸垫,用螺柱对称紧固;装上甩油环,把已装好的驻车制动器总成固定在轴承盖上;把驻车制动器突缘套在第二轴上,装上碟形垫圈用锁紧螺母紧固(拧紧力矩为 200~250 N·m)。

⑨ 装上变速器盖。将变速器叉轴装在变速器盖相应的孔位中,同时装上锁止弹簧及钢球、互锁圆柱销及钢球、变速叉和导块等;拧入变速叉止动螺栓,拧紧后用钢丝锁线分别将螺栓锁紧在叉轴上;打入变速器盖前端座孔塞片。

⑩ 在变速器处于空挡位置时,装上密封衬垫,盖上变速器盖总成。

⑪ 按拆卸的相反程序,装上衬垫装复变速器顶盖总成;拧上放油螺塞,加注润滑油,再拧紧加油螺塞。

任务三　万向传动装置的拆装与检测

一、实训目的与要求

① 了解万向传动装置的组成及主要零件的拆装关系。

② 掌握传动轴及主要部件的拆装要领。

③ 掌握万向传动装置主要零件的检测项目与方法。

二、实训设备与器材

① 桑塔纳及东风 EQ1090E 型汽车传动轴总成各一套。

② 常用工具、量具各一套。

③ 桑塔纳专用拆装工具、台钳、传动轴托架等。

三、注意事项

① 注意传动轴和伸缩套叉上的平衡记号。

② 装复传动轴时,传动轴两端万向节叉应位于同一平面。

四、操作步骤

(一) 桑塔纳轿车前驱动传动轴的拆装与检测

1. 传动轴的结构

桑塔纳轿车传动轴为空心传动轴,两端采用了两种不同型号的球笼式等速万向节。RF型万向节通过花键轴与前轮联接,摆动角度大。VL型万向节用螺栓与差速器罩壳联接,其内外星轮可做轴向移动,以补偿由于前轮跳动而引起的横向轴距的变化,如图2-19和图2-20所示。

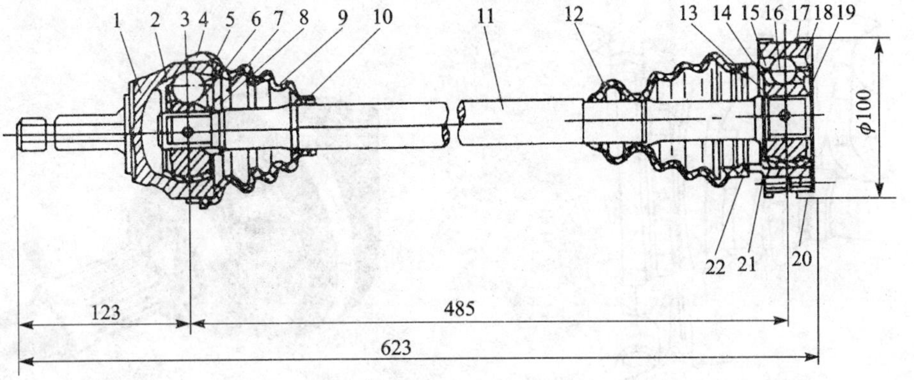

1—RF节外星轮;2、19—卡簧;3—钢球;4—夹箍;5—RF节球笼;6—RF节内星轮;7—中间挡圈;8—碟形弹簧;9—橡胶护套;10、22—夹箍;11—花键轴;12—橡胶护套;13—碟形弹簧;14—VL节内星轮;15—VL节球笼;16—钢球;17—VL节外星轮;18—密封垫片;20—塑料护罩;21—VL节护盖

图2-19　传动轴总成结构图

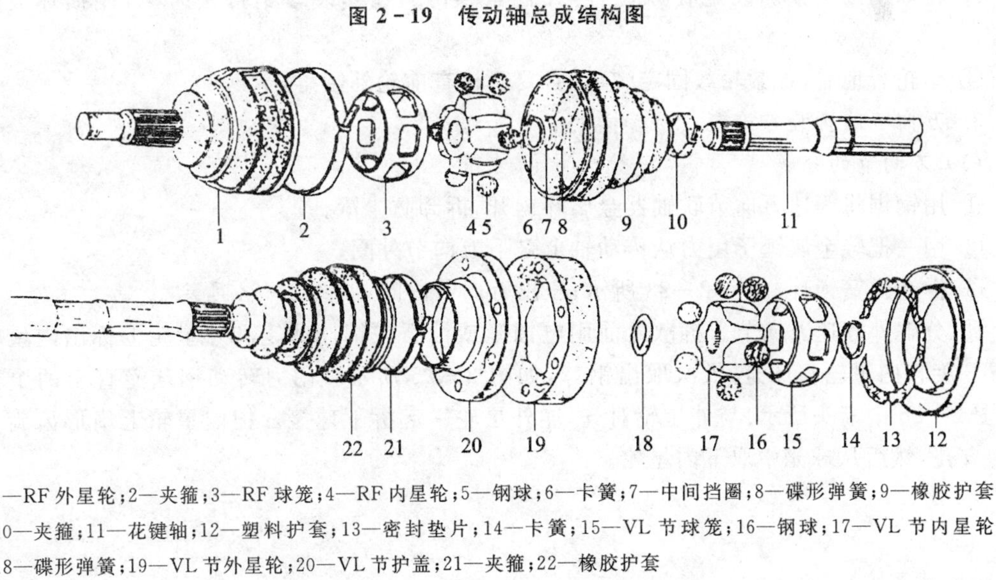

1—RF外星轮;2—夹箍;3—RF球笼;4—RF内星轮;5—钢球;6—卡簧;7—中间挡圈;8—碟形弹簧;9—橡胶护套;10—夹箍;11—花键轴;12—塑料护套;13—密封垫片;14—卡簧;15—VL节球笼;16—钢球;17—VL节内星轮;18—碟形弹簧;19—VL节外星轮;20—VL节护盖;21—夹箍;22—橡胶护套

图2-20　传动轴分解图

2. 传动轴(半轴)总成的拆装

(1) 传动轴(半轴)总成的拆卸

① 在车轮着地时,旋下轮毂的紧固螺母。

② 旋下传动轴凸缘上的紧固螺栓(如图 2-21 中箭头所示),将传动轴与凸缘分开。

③ 从车轮轴承壳内拉出传动轴,或利用专用压力装置拉出传动轴。

注意事项:拆卸传动轴时,轮毂绝对不能加热,否则会损坏车轮轴承,原则上应使用拉具。拆掉传动轴后,应装上一根联接轴来代替传动轴,以防移动卸掉传动轴的车辆时损坏前轮轴承总成。

(2) 传动轴(半轴)总成的安装

① 安装传动轴时,应擦净传动轴与轮毂花键齿面上的油污,去除防护剂的残留物。

② 在等速万向节的花键上涂一圈 5 mm 的防护剂(D6),然后装上传动轴花键套,如图 2-22 所示。涂防护剂 D6 后的传动轴装车后应停车 60 min 之后才可使用汽车。

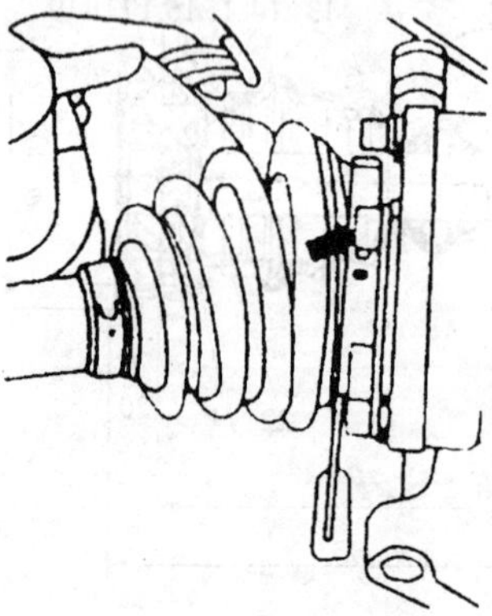

图 2-21 旋下传动轴凸缘上的紧固螺栓

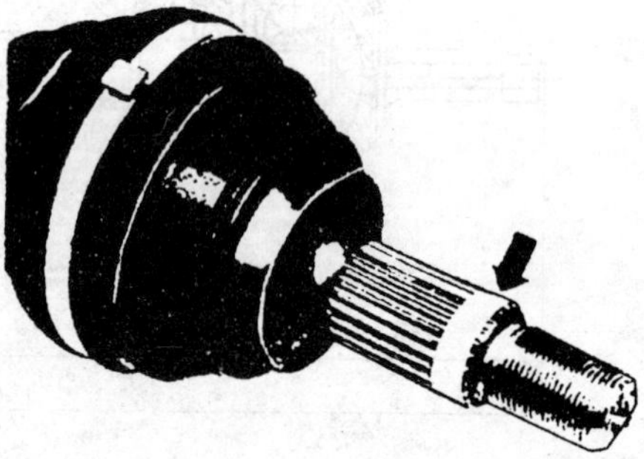

图 2-22 外等速万向节花键轴安

③ 将球销接头重新装配在原位置,并拧紧螺母。在安装球销接头时,不能损坏波纹管护套。

④ 车轮着地后,拧紧轮毂固定螺母,必要时检查前轮外倾角。

3. 万向节的拆装与检查

(1) 万向节的分解

① 用钢锯将等速万向节联轴器金属环锯开,拆卸防尘罩。

② 用一把轻金属锤子用力从传动轴上敲下万向节外圈。

③ 拆卸弹簧锁环,如图 2-23 所示;压出万向节内圈,如图 2-24 所示。

④ 分解外等速万向节。拆散之前用电蚀笔或油石在钢球球笼和外星轮上标出内星轮的位置。旋转内星轮与球笼,依次取出钢球,如图 2-25 所示。用力转动钢球笼直至两个方孔(如图 2-26 中箭头所示)与外星轮对齐,连外星轮一起拆下球笼。把内星轮上扇形齿旋入球笼的方孔,然后从球笼中取下内星轮。

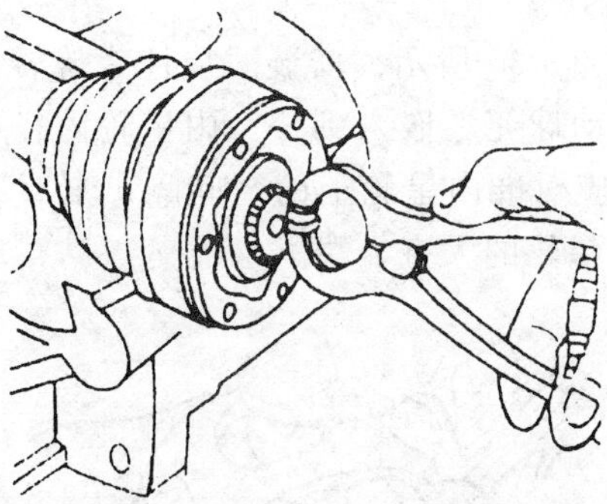

图 2-23　拆卸弹簧销

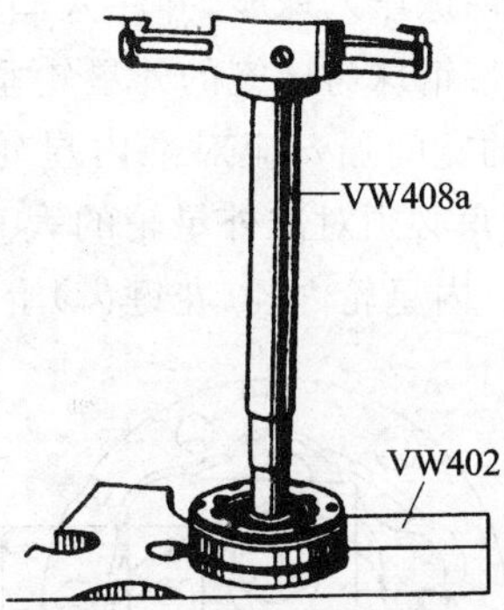

图 2-24　压出万向节内圈

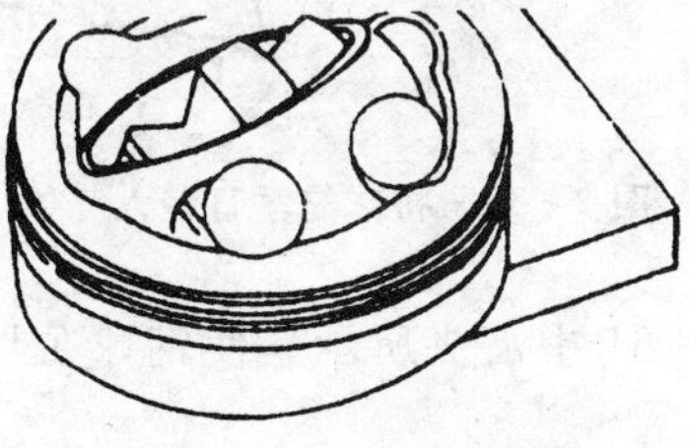

图 2-25　取出钢球

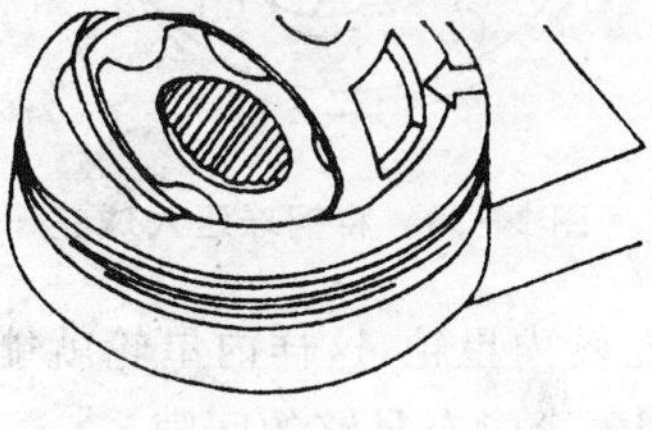

图 2-26　球笼的拆卸

⑤ 分解内等速万向节。转动内星轮与球笼，按图 2-27 中箭头所示方向压出球笼里的钢球。内星轮与外星轮一起选配，不能互换。从球槽上面（如 2-28 中箭头所示）取出球笼里的内星轮。

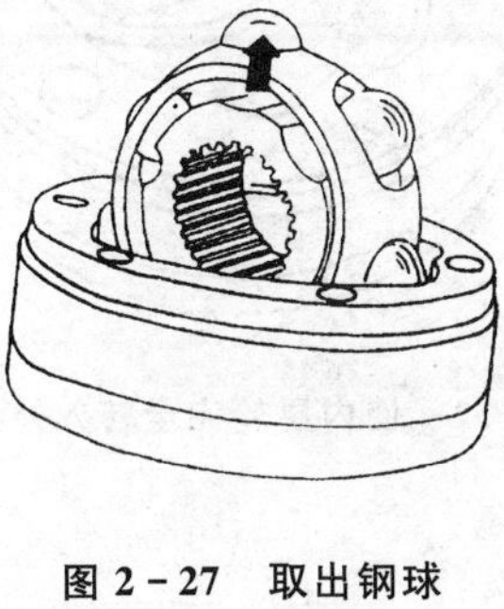

图 2-27　取出钢球

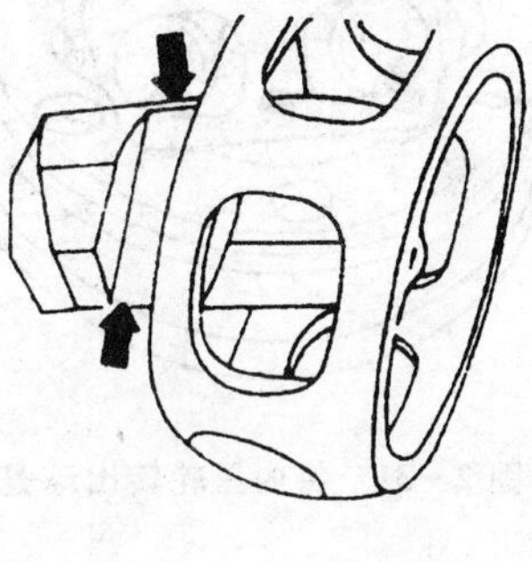

图 2-28　取出内星轮

（2）万向节的检查

① 检查外星轮、内星轮、球笼及钢球有无凹陷与磨损。

② 各球节处的 6 颗钢球要求一定的配合公差，并与内星轮一起成为一组配合件。

③ 如果万向节间隙明显过大，万向节必须更换；如果万向节光滑无损，或者能看到钢球在运转，则不必更换万向节。

（3）万向节的组装

1）组装内万向节

① 对准凹槽将内星轮嵌入球笼，内星轮在球笼内的位置无关紧要。

② 将钢球压入球笼，并注入润滑脂，如图 2－29 所示。

③ 将带钢球与球笼的外星轮垂直装入壳体，如图 2－30 所示。安装时应注意旋转之后，外星轮上的宽间隔 a 应对准内星轮上的窄间隔 b，转动球笼。嵌入到位。内星轮内径（花键齿）上的倒角必须对准外星轮的大直径端。宽间隔 a 应对准内星轮上的窄间隔 b，转动球笼，嵌入到位。内星轮内径（花键齿）上的倒角必须对准外星轮的大直径端。

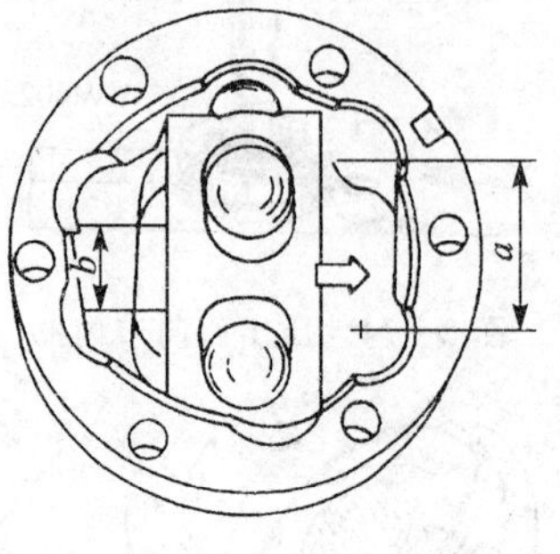

图 2－29　将钢球压入球笼

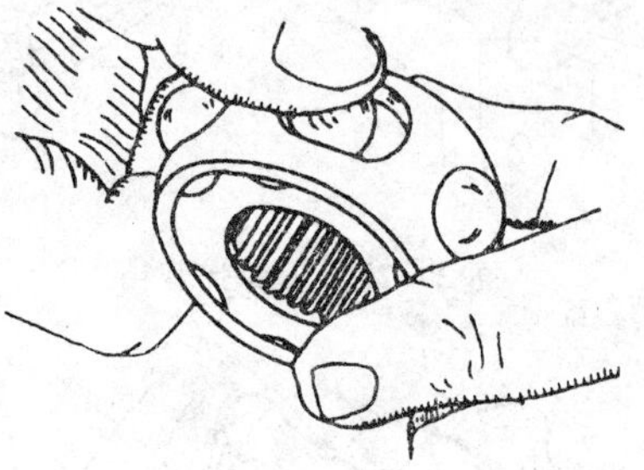

图 2－30　将球笼垂直装入壳体

④ 扭转内星轮，这样内星轮就能转出球笼（如图 2－31 中箭头所示），使钢球在与壳体中的球槽相配合时有足够的间隙。

⑤ 用力揿压球笼（如图 2－32 中箭头所示），使装有钢球的内星轮完全转入外星轮内。

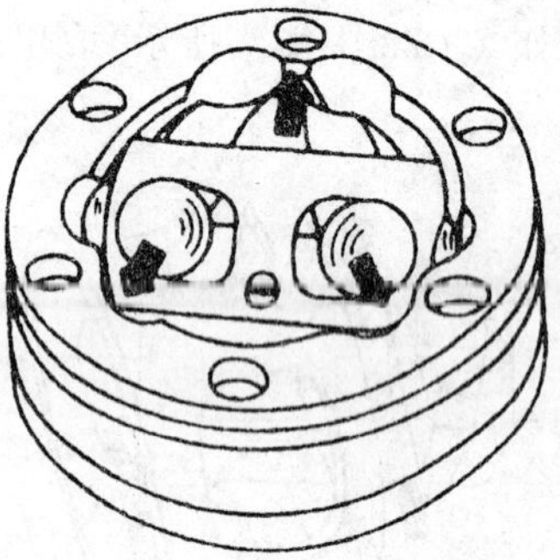

图 2－31　将内星轮转出球笼

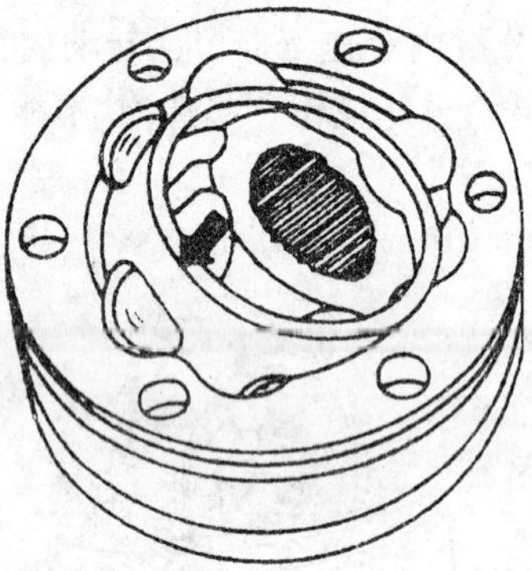

图 2－32　使内星轮完全转入外星轮内

⑥ 用手能将内星轮在轴向范围内来回推动，应灵活。

2）组装外万向节

① 用汽油清洗各部件。将 G－6 润滑脂总量的一半（45 g）注入万向节内。

② 将球箱连同内星轮一起装入外星轮。

③ 对角交替地压入钢球，必须保持内星轮在球笼以及外星轮内的原先位置。

④ 将弹簧锁环装入内星轮，将剩余的润滑脂压入万向节。

⑤ 用手将内星轮在轴向范围内来回推动，检查安装是否正确。

（4）万向节与传动轴的组装

① 在传动轴上安装防护罩。正确安装碟形座，如图 2－33 所示。

② 把万向节压入传动轴，如图 2－34 所示。使碟形座圈贴合，内星轮内径（花键齿）上的

倒角必须面向传动轴靠肩。

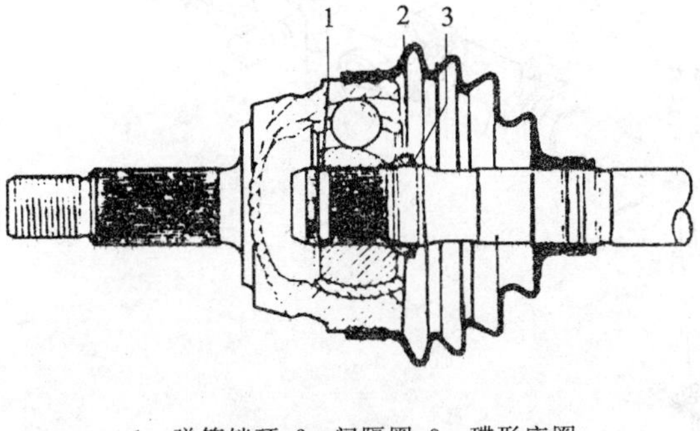

1—弹簧销环；2—间隔圈；3—碟形座圈

图 2-33　碟形座圈和间隔垫片的安装位置

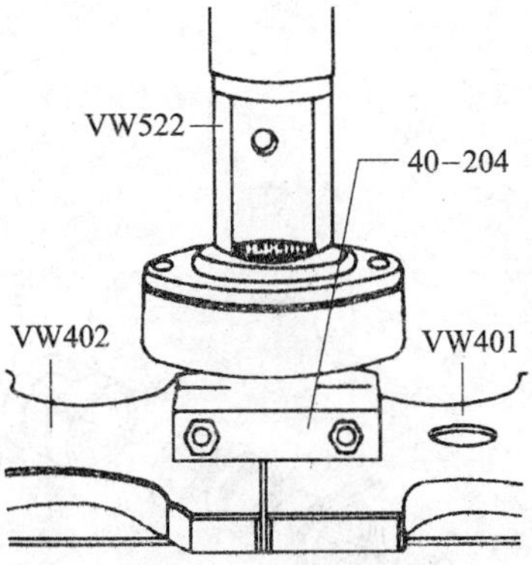

图 2-34　把万向节压入传动轴

③ 安装弹簧锁环，装上外万向节。

④ 在万向节上安装防尘罩时，防尘罩经常受到挤压，因而在防尘罩内部产生的一定真空，它在车辆行驶中会产生一个内吸的折痕，如图 2-35 中箭头所示。因此，在安装防尘罩小口径之后，要稍微充点气，使得压力平衡，不产生皱褶。

⑤ 用夹箍夹住防尘罩，如图 2-36 所示。

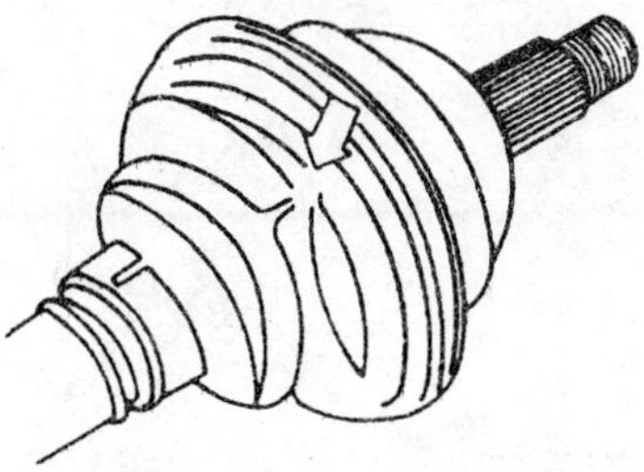

图 2-35　给防尘罩充气

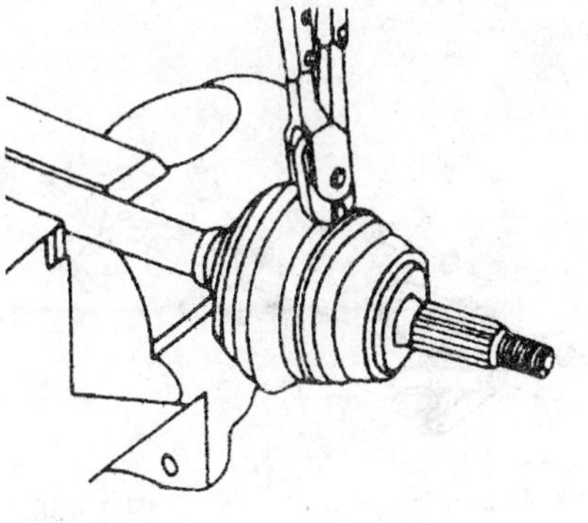

图 2-36　夹紧夹箍或夹头

(二) EQ1090E 汽车传动轴的拆装与检测

1. 传动轴的拆卸

(1) 从汽车上拆卸传动轴

拆卸传动轴应从后节传动轴的后端开始，顺次向前拆，如图 2-37 所示。

(2) 总成解体前的检查

应检查总成上装配标记是否齐全、清晰，如果标记不齐全或不清晰，应在拆卸前作出清晰的记号。

(3) 滑动花键副的分解

拧开套管叉油封盖（图 2-38），把花键轴从套管叉里抽出，取下油封、油封垫片和油封盖。

(4) 万向节的分解

① 用卡簧钳把每个耳孔内弹性挡圈取出。

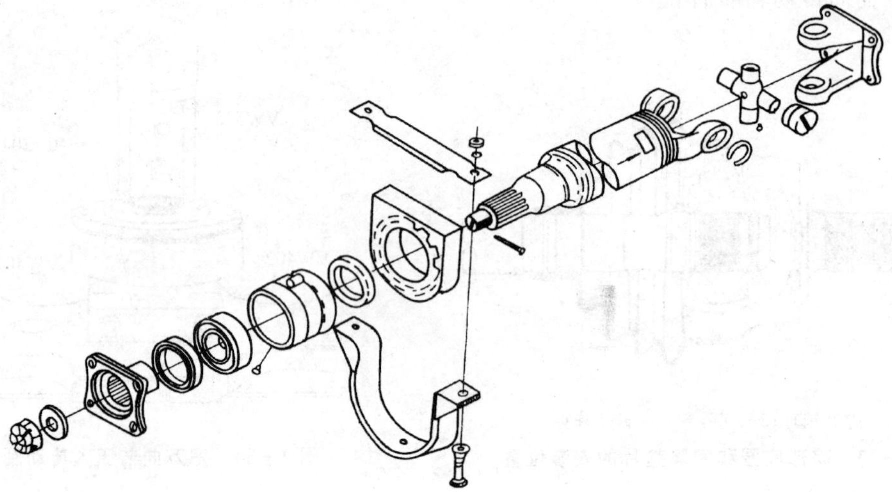

图 2-37　中间传动轴及支承总成

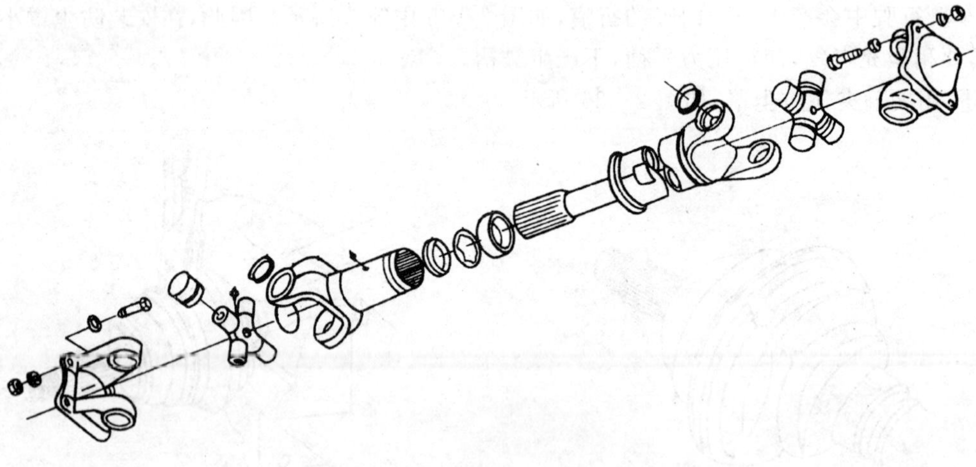

图 2-38　传动轴及套管叉总成(后节)

② 把传动轴的一端抬起，拿手锤轻敲耳根部，将滚针轴承座震出，如图 2-39(a)所示。

③ 传动轴转过 180°，用同样方法将凸缘叉上的另一组滚针轴承座震出，并取下凸缘叉，如图 2-39(b)所示。

④ 取下十字轴。注意：把十字轴转到滑脂嘴在开挡大的位置，防止滑脂嘴被撞坏。

(5) 分解中间支承

① 拔出开口销，拧下槽形螺母，取出垫圈。

② 用手锤轻轻敲击凸缘背面边缘，松动后把凸缘从中间花键轴上拔出来。

③ 将整个中间支承从中间花键轴上打出来；将橡胶垫环从轴承座上压出。

④ 取出前后油封及轴承。

2. 万向节传动装置的装复

(1) 滑动花键副的装复

将油封盖、油封垫片、油封套在花键轴上；对准套管叉上和传动轴轴管上的装配标记，把套

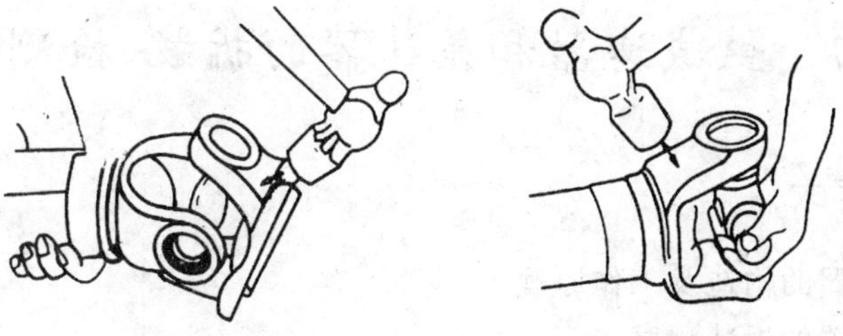

(a)　　　　(b)

图 2-39　万向节的分解

管叉套到花键轴上；装好油封、油封垫片，拧紧油封盖。

(2) 万向节的装复

① 使十字轴上的滑脂嘴朝向套管一方，并和套管叉上的滑脂嘴同相位，插入万向节叉耳孔内，把滚针轴承放入耳孔并套到十字轴轴颈上。

② 用铜棒、手锤轻敲滚针轴承外底面，使轴承进入耳孔到位，装上卡簧。

③ 对准装配标记，把凸缘叉套到十字轴的另一对轴颈上。

④ 把滚针轴承放入凸缘叉耳孔，并套到十字轴轴颈上，用铜棒、手锤轻敲轴承进入耳孔到位，用卡簧钳把挡圈装入耳孔槽。注意：要使挡圈的整个厚度进入槽底；否则，会在传动轴传动过程中弹出，发生轴承脱落的事故。

(3) 中间支承的装复

① 将轴承装入轴承座，两侧压入油封，装上橡胶垫环。

② 把装好的中间支承无滑脂嘴的一侧面对着中间传动轴，套到中间花键轴上，然后使凸缘螺栓孔布置相位与另一端凸缘叉螺栓孔布置相位一致(即在轴的同一侧)，套到中间花键轴上。

③ 在凸缘端面上垫上垫板，用手锤轻敲，使中间支承和凸缘到位。

④ 放上垫圈，拧上螺母，装上开口销，螺母的扭紧力矩不小于 200 N·m。

(4) 传动轴的装车

安装传动轴应从前端开始，逐步往后装，先装中间传动轴及中间支承总成，而后装传动轴及套管叉总成。

① 把前端的凸缘叉装到驻车制动鼓上，装上弹簧垫圈和螺母，扭紧力矩为 90～110 N·m。

② 中间传动轴的后端通过中间支承，用支架和上盖板，装到车架横梁上，装上螺栓、平垫圈、弹簧垫圈、螺母，扭紧力矩为 120 N·m。

③ 安装传动轴及套管叉总成前，检查滑脂嘴的朝向，使之尽可能与前传动轴的滑脂嘴在轴的同一侧，以求注油方便；然后将有套管叉的一端与中间传动轴的后端凸缘连接，另一端与后桥上的凸缘连接，采用专用螺栓、弹簧垫圈、螺母(注意：在每个螺栓上都装有两个弹簧垫圈，一个装在凸缘叉一侧的六角螺栓头下面，另一个装在凸缘一侧的螺母下面)，螺母的拧紧扭矩为 90～110 N·m。

(5) 润滑

三个万向节，滑动花键副和中间支承共五处，通过滑脂嘴注入 2 号工业锂基脂或二硫化钼锂基脂。

任务四　主减速器和差速器的拆装、检测与调整

一、实训目的与要求

① 了解主减速器的构造及工作原理。

② 熟悉主减速器的拆装顺序。

③ 掌握主减速器的调整部位及调整方法。

二、技术标准及要求

① 啮合间隙为 0.08～0.12 mm，齿轮侧隙为 0.08～0.15 mm。

② 调整好的主、被动齿轮转动扭矩为 1.47～2.45 N·m。

③ 输出轴后轴承固定螺母拧紧力矩为 100 N·m。

三、实训器材

① 主减速器 1 台，常用维修工具 1 套。

② 磁力表座、百分表 1 套，红丹油 1 盒，加热器 1 台，扭扳手 1 把。

四、注意事项

① 严格拆装顺序，注意操作安全。

② 对各调整部位的调整垫片要点清放好做记号，不能乱换搞错。

③ 对有预紧力规定的螺栓、螺母要按正确操作方法进行紧固。

五、操作步骤

(一) 桑塔纳前轮驱动汽车主减速器和差速器的拆装与调整

1. 桑塔纳主减速器和差速器的结构

桑塔纳系列轿车主减速器为单级式，主减速齿轮是一对螺旋伞齿轮。车速表驱动齿轮安装于差速器壳体上。主减速器和差速器的分解见图 2-40 所示。

2. 主减速器和差速器的拆装

(1) 主动锥齿轮和从动锥齿轮总成的拆卸

① 拆卸变速器，将其固定在支架上；拆下轴承支座和后盖。

② 取下车速里程表的传感器。

③ 锁住传动轴(半轴)，拆下紧固螺栓；取下传动轴。

④ 取下车速里程表的主动齿轮导向器和齿轮。

⑤ 拆下主减速器盖。从变速器壳体上取下差速器。

⑥ 用铝质的夹具将差速器壳固定在台虎钳上，拆下从动齿轮的紧固螺栓。从动锥齿轮的紧固螺栓是自动锁紧的，一经拆卸就必须更换。

⑦ 取下从动锥齿轮。

⑧ 拆下并分解变速器输出轴。仔细检查所有零件，尤其是同步器环和齿轮，对于损坏和

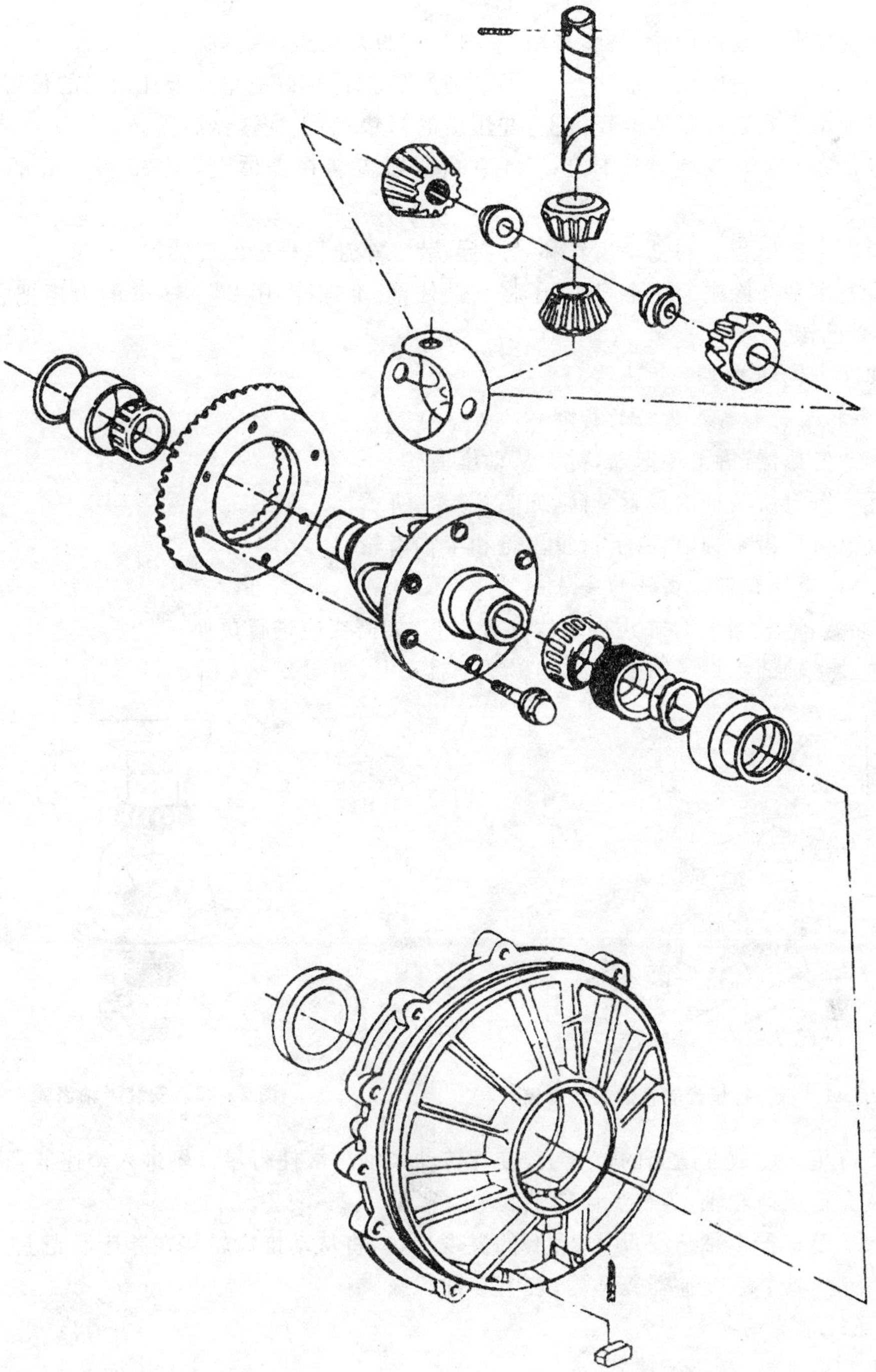

图 2-40 主减速器和差速器分解图

磨损的，应进行更换。

(2) 主动锥齿轮和从动锥齿轮总成的安装

① 在变速器输出轴上装上所有齿轮、轴承及同步器，计算输出轴的调整垫片 S3 的厚度。

② 用 120 ℃的温度给从动锥齿轮加热，并将其装在差速器壳上，安装时用两个螺纹销作

为导向。

③ 装上新的从动锥齿轮螺栓，并用 70 N·m 的力矩交替旋紧。

④ 计算从动齿轮的调整垫片 S1 和 S2 的厚度；把计算好的垫片装在适当的位置上。

⑤ 将轴承支座装在变速器壳体上，并用新的衬垫；装上变速器后盖。

⑥ 将差速器装在变速器壳体上。将主减速器盖装在壳体上，用 25 N·m 的力矩旋紧螺栓。

⑦ 装上车速里程表的主动齿轮和导向器；装上车速里程表的传感器。

⑧ 装上半轴凸缘中的一个，用凿子将它锁住，装上螺栓，用 20 N·m 的力矩把它旋紧；装另一个半轴凸缘。

⑨ 加注齿轮油并装上变速器。

(3) 半轴齿轮和行星齿轮的拆卸

① 拆卸变速器，拆下差速器，拆下从动锥齿轮。

② 拆下行星齿轮轴的夹紧套筒，如图 2-41 所示。

③ 取下行星齿轮轴，再取下行星齿轮和半轴齿轮。

(4) 半轴齿轮和行星齿轮的安装

在安装之前，检查复合式止推垫片有否损坏，如需要应进行更换。

① 通过半轴凸缘将半轴齿轮固定在差速器壳上，如图 2-42 所示。

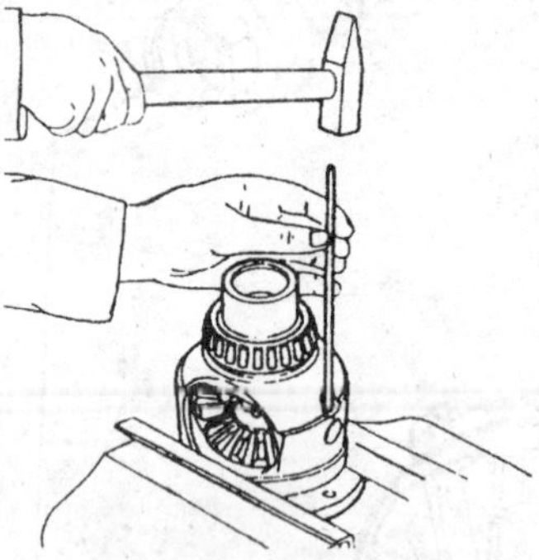

图 2-41　拆下行星齿轮轴的夹紧套筒

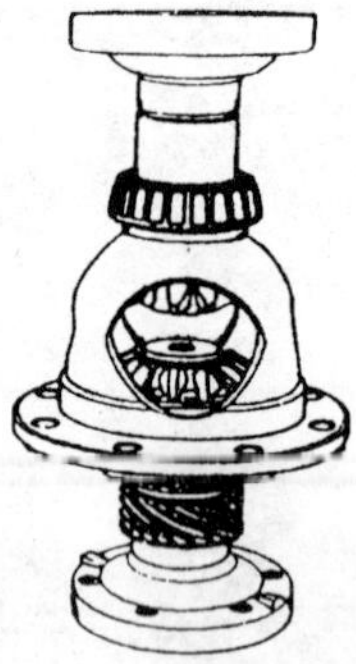

图 2-42　安装半轴齿轮

② 将行星齿轮放在适当的位置上，接着转动半轴凸缘使行星齿轮进入差速器壳。

③ 装上行星齿轮轴，为行星齿轮轴装上夹紧销。

④ 取下差速器半轴凸缘；用 120 ℃的温度加热，将从动锥齿轮装在差速器壳上。

⑤ 将差速器装在变速器壳体内；装上半轴凸缘。

(5) 差速器壳的拆卸

① 拆卸变速器，拆下差速器。

② 拆下差速器轴承(与从动锥齿轮相对的一边)，如图 2-43 所示。

③ 拆下差速器另一边轴承，如图 2-44 所示。同时取下车速表主动齿轮和锁紧套筒。

④ 拆下变速器侧面的密封圈，如图 2-45 所示。

⑤ 从主减速器盖上拆下差速器轴承的外圈和调整垫片 S1，如图 2-46 所示。

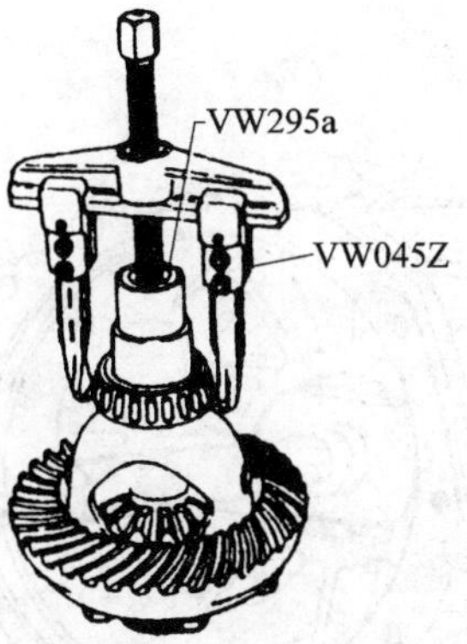

图 2-43 拆下差速器轴承

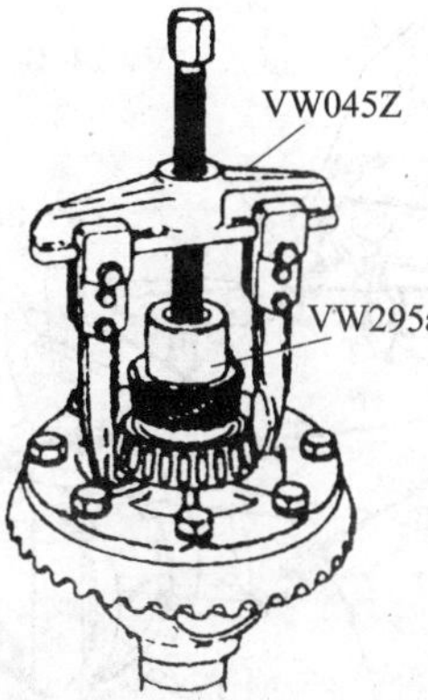

图 2-44 拆下另一边差速器轴承

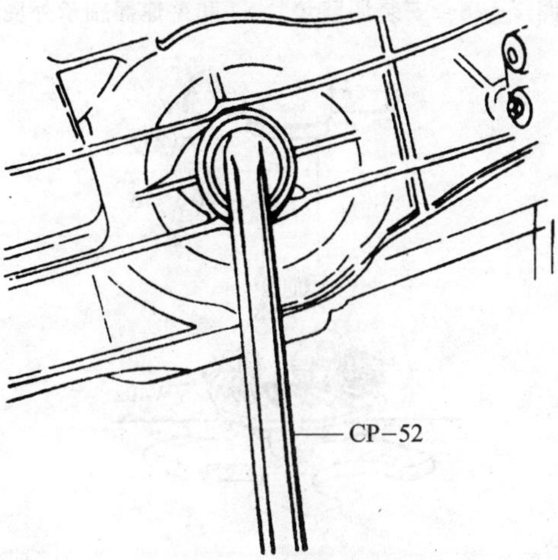

图 2-45 拆下密封圈

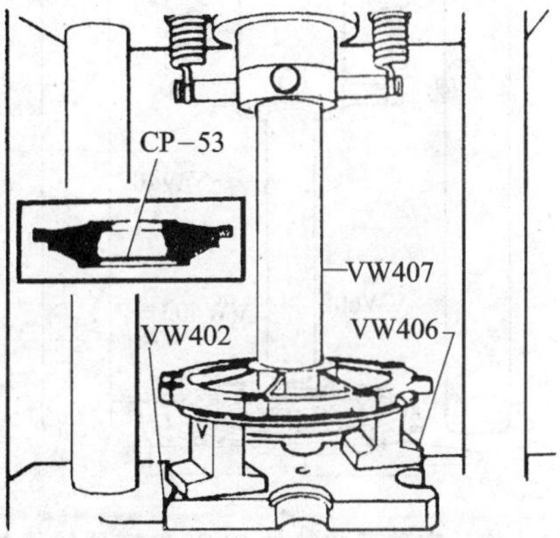

图 2-46 拆下差速器轴承外圈和调整垫片 S1

⑥ 从变速器壳体上拆下差速器轴承的外圈和调整垫片 S2，如图 2-47 所示。当更换差速器轴承时，外圈须一起更换，同时必须计算出从动齿轮的调整垫片 S1 和 S2 的厚度。

(6) 差速器壳的安装

① 计算从动锥齿轮调整垫片 S1 和 S2 的厚度。

② 装上调整垫片 S2 和差速器轴承外圈，如图 2-48 所示。

③ 装上调整垫片 S1 和轴承外圈，如图 2-49 所示。

④ 装上变速器的侧面密封圈。用 120 ℃的温度加热差速器轴承(与从动齿轮相对一面)并装在差速器壳上。

⑤ 将轴承压到位，如图 2-50 所示。

⑥ 用 120 ℃的温度加热差速器另一轴承，并装在差速器罩壳上；将轴承压到位。

⑦ 装上车速里程表主动齿轮和锁紧套筒，使 $x=1.8$ mm(VW433a 只能支撑在锁紧套筒上，以免齿轮受损)，如图 2-51 所示。

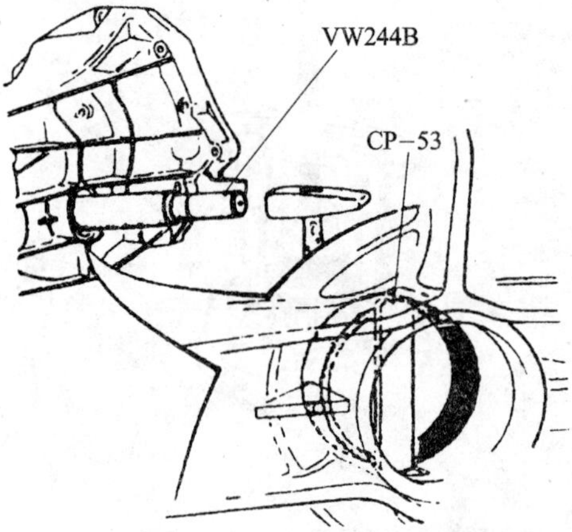

图 2-47　拆下另一边差速器轴承外圈和调整垫片

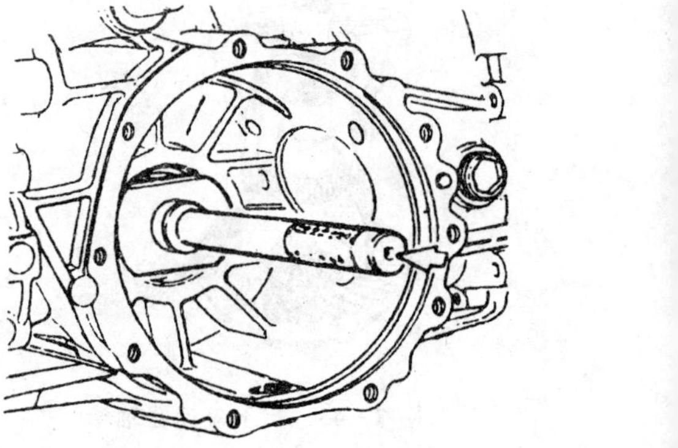

图 2-48　安装调整垫片 S2 和差速器轴承外圈

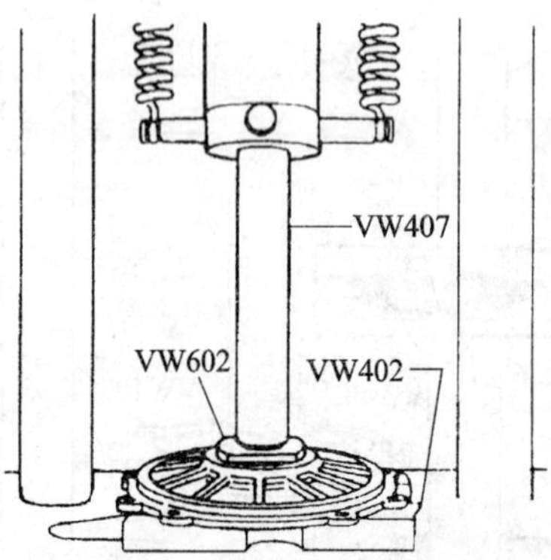

图 2-49　安装调整垫片 S1 和差速器轴承外圈

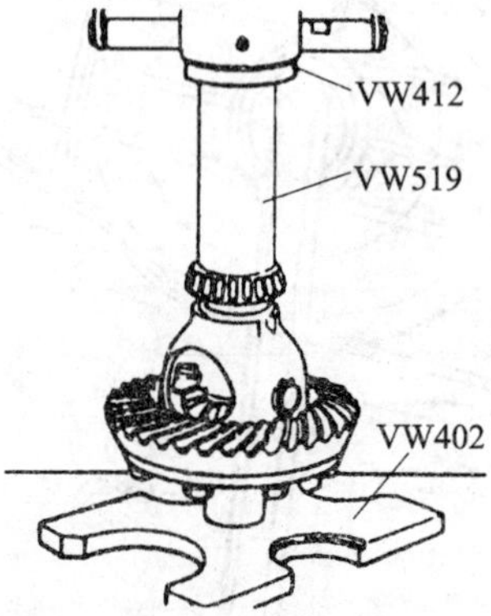

图 2-50　压入轴承

⑧ 用适当的变速器油润滑差速器轴承；将差速器装入变速器壳体内，装上主减速器盖；拆下变速器后盖和轴承支座。

⑨ 用专用工具，同扭力扳手一起装在差速器上，如图 2-52 所示。通过扭力扳手，转动差速器，检查摩擦力矩，对新的轴承来说最小应为 2.5 N·m（要检查摩擦力矩，必须将差速器轴承用适当的变速器油润滑过）。

⑩ 调整从动锥齿轮，装上变速器后盖和轴承支座，装上半轴凸缘并给变速器加油。

3. 从动锥齿轮和主动锥齿轮总成的调整

主动锥齿轮和从动锥齿轮的调整正确与否，对于主减速器的使用寿命和运转平稳性起着决定性作用，主减速器和差速器总成拆装后，特别是更换某些零部件后，必须通过精确的测量、计算，选出合适的调整垫片，通过改变垫片的厚度来轴向移动主动齿轮，求得平稳运转的最佳位置；通过改变垫片的厚度来轴向移动变速器输出轴上的从动齿轮，使其啮合承压表面（啮合印痕）在最佳位置，并使啮合间隙在规定的公差范围。

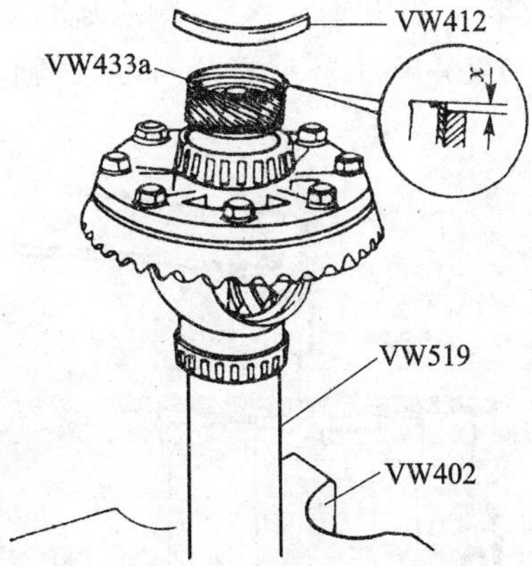

图 2-51　安装车速里程表主动齿轮和锁紧套筒

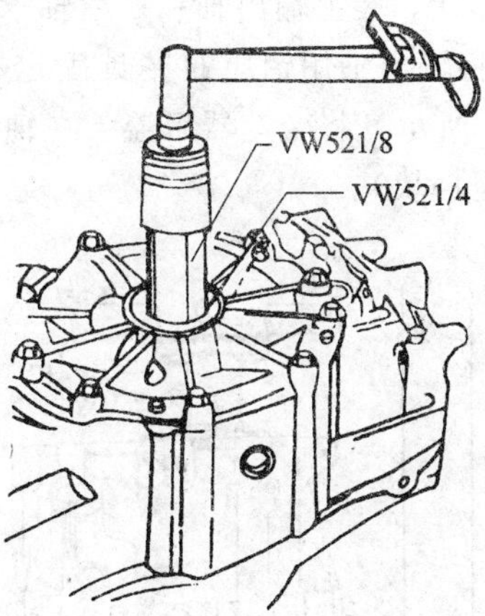

图 2-52　安装专用工具

从动齿轮和主动锥齿轮总成的调整部位如图 2-53 所示。与理论上的尺寸 R 成比例的偏差 r，在生产过程中已经测量好了，并把它刻在了从动锥齿轮的外侧。主动锥齿轮和从动锥齿轮只能一起更换。

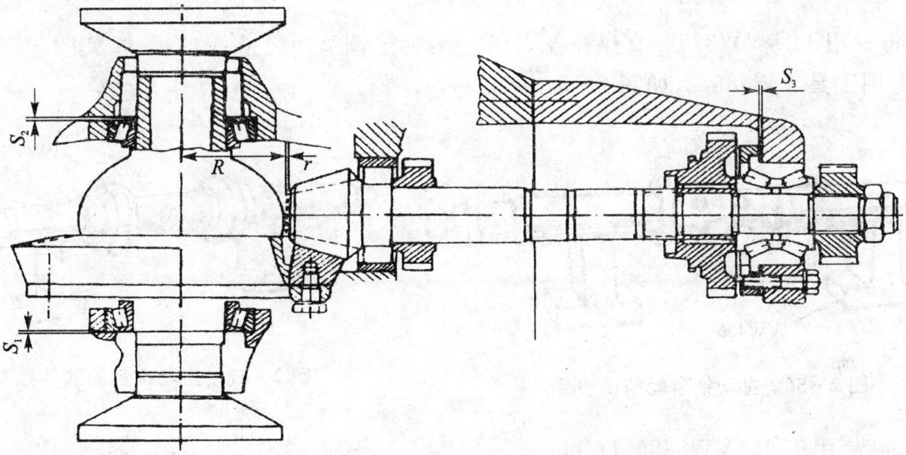

图 2-53　从动锥齿轮和主动锥齿轮总成的调整部位

根据零件的排列情况，会出现“间隙”，这在调整主动锥齿轮和从动锥齿轮时应该考虑。因此，在拆卸变速器之前，最好测量齿面的平均间隙以及偏差 r。只要拆装检测影响到主动锥齿轮和从动锥齿轮位置的零部件，必须重新测定调整垫片 S1、S2 和 S3。图中 S_1 为调整垫片 S1 的厚度(从动锥齿轮一边)；S_2 为调整垫片 S2 的厚度(与从动锥齿轮相对的一边)；S_3 为输出轴调整垫片 S3 的厚度；r 为与理论上的尺寸 R 成比例的偏差(偏差 r 用 1/100 mm 表示，例如“25”表明 $r=0.25$ mm)；R 为主动锥齿轮理论上的尺寸($R=50.7$ mm)。

(1) 主动锥齿轮的调整

只要轴承支座、主动锥齿轮的后轴承、一挡齿轮的滚针轴承外圈、输出轴的后轴承外圈被更换，就必须通过调整垫片 S3 来调整主动锥齿轮。

① 装上轴承支座的后轴承外圈(无调整垫片)。装上轴承的保持架，并用 25 N·m 的力

矩旋紧螺栓。装上输出轴和外后轴承，如图 2－54 所示。

② 将输出轴用铝质的夹具固定在台虎钳上，装上螺母并用 100 N·m 的力矩旋紧，如图 2－55 所示。将变速器后盖装在轴承支座上，用新的衬垫。四个螺栓将其固定(后轴承应往里放入至挡块)。

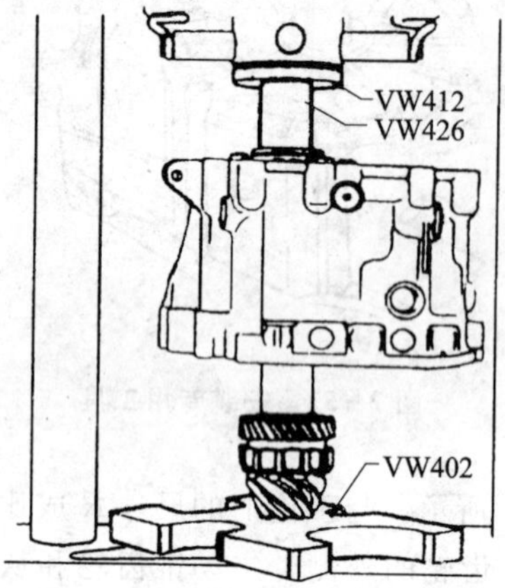

图 2－54　主动锥齿轮的调整Ⅰ

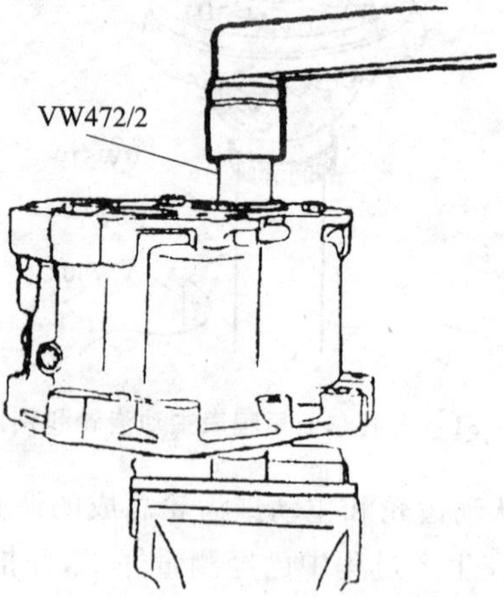

图 2－55　主动锥齿轮的调整Ⅱ

③ 将专用工具 VW385/1 支撑在 VW406 上，通过调节环测量 A 的尺寸，如图 2－56 所示；再装上专用工具 VW385/2，如图 2－57 所示。

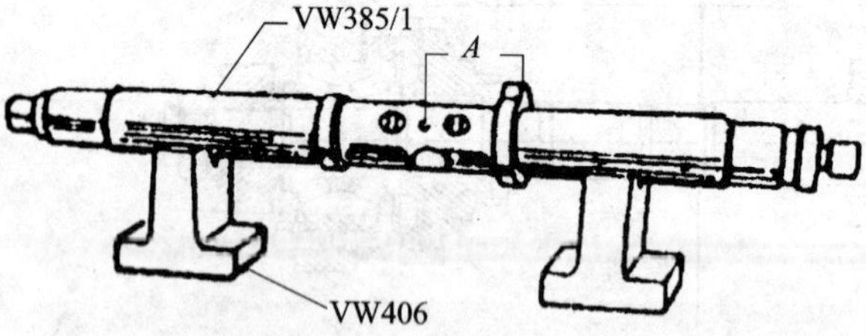

图 2－56　主动锥齿轮的调整Ⅲ

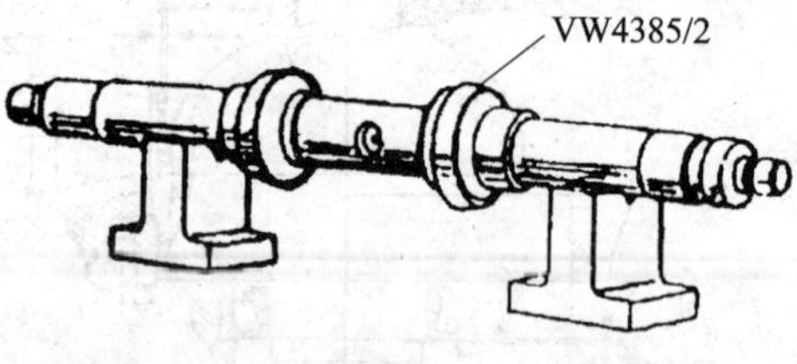

图 2－57　主动锥齿轮的调整Ⅳ

④ 将专用工具 VW5385/D 和 5385/C 装在 VW385/1 上，接着放上无调整垫片 S1 的主减速器盖。装上百分表，将百分表调到零，应考虑到起始压力与离开 20 mm 相一致(百分表的表盘和 VW5385/D 应是同一方向，转动螺母将活动调节环移至中心)，如图 2－58 所示。

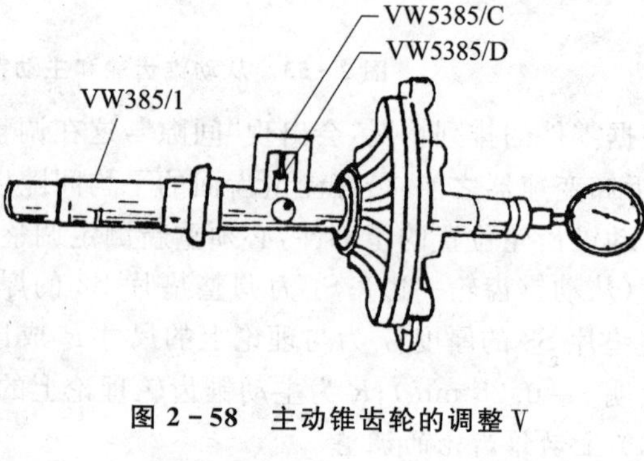

图 2－58　主动锥齿轮的调整Ⅴ

⑤ 将专用磁铁 VW385/17 装在主动锥齿轮上，这样上面的缝隙朝向放油螺塞一边。将专用工具 VW385/1 放入变速器的内部，适当地装配好，如图 2－59 所示。装上垫片和主减速器盖的紧固螺栓，用 25 N·m 的力矩旋紧螺栓(不要在盖上敲打，因为这样可能使百分表失灵)。转动螺母调节 VW385/1，保证装

配正确。

⑥ 将 VW385/1 转到表的尖头碰到磁板和表的指针，并达到最大偏差(倒转)，所取得的值即为 e 尺寸(从逆时针方向读看)，如图 2-60 所示。当转动 VW385/1 时，表的尖头(VW385/C)应碰到磁板，而总是在缝隙的相对一边。

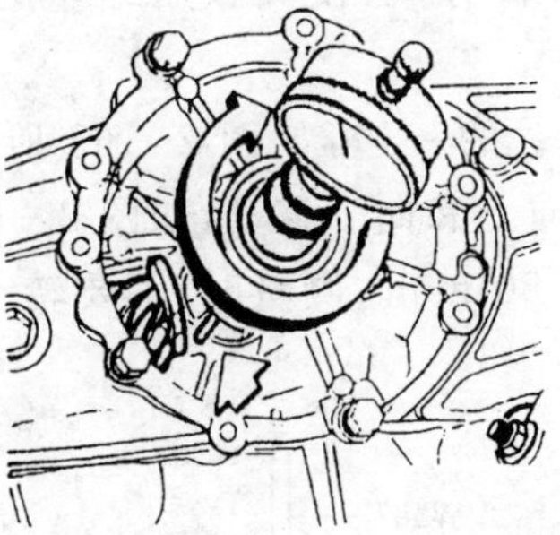

图 2-59　主动锥齿轮的调整Ⅵ

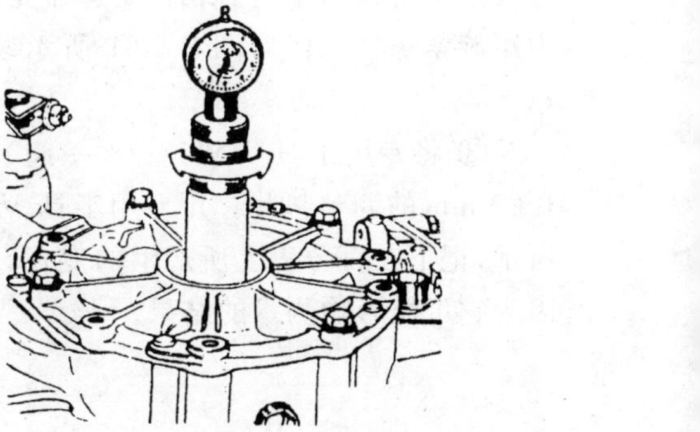

图 2-60　主动锥齿轮的调整Ⅶ

⑦ 取得 e 尺寸后，取下主减速器盖。将 VW385/1 放在 VW406 上，用 VW5385/C 标准(样板)检查表是否在零位上，要考虑起始压力与离开 2.0 mm 一致。如果在测量中有误，重新进行测量。

测量主动锥齿轮调整垫片 S3 的厚度：

$$S_3 = e - r$$

式中：e——测量的结果(用百分表的逆时针刻度检验出的指针最大偏差)；

r——偏差(用百分之一 mm 刻在从动齿轮上)。

r 值只用于新的从动锥齿轮和主动锥齿轮。例如：e=0.99 mm，r=0.48 mm，则 $S_3 = e - r$=0.99 mm－0.48 mm=0.51 mm。

如果需要将两只调整垫片连在一起，取得需要的厚度，较薄的调整垫片应装在输出轴轴承外圈和较厚的调整垫片之间。下列厚度的调整垫片可供选择：0.15 mm、0.20 mm、0.25 mm、0.30 mm、0.40 mm、0.50 mm、0.60 mm、0.70 mm、0.80 mm、0.90 mm、1.00 mm、1.10 mm 和 1.20 mm。

⑧ 装上输出轴和计算好的调整垫片 S3。如果计算好的调整垫片是正确的。百分表现在应指在偏差 r(刻在从动齿轮)值上，公差为±0.04 mm。

⑨ 如果测量在规定的公差范围之内，完成变速器的安装。相反，检查所有零件的状况，更换已损坏的零件，接着重新安装主动锥齿轮。

(2) 从动锥齿轮的调整

1) 注意事项

① 最好在拆卸变速器之前，测量齿面的平均间隙。记下这个值，用于从动锥齿轮调整垫片的计算。

② 当主动锥齿轮、从动锥齿轮总成、变速器壳体、主减速器盖、差速器罩壳或轴承更换时，必需对从动齿轮进行调整。

2) 从动锥齿轮调整垫片总厚度的测量

步骤如下：

① 拆下主减速器盖。拆下密封圈和差速器轴承的外圈，取出调整垫片。将轴承的外圈装在变速器壳体上，同时装上厚度为 1.2 mm 的标准（样板）垫片（外圈应装入到挡块）。

② 将轴承的外圈装在主减速器盖上，不用调整垫片（外圈应装入至挡块）。将没有车速里程表主动齿轮的差速器装在变速器壳体上。将主减速器盖装在变速器壳体上，用 25 N·m 的力矩旋紧螺栓。根据图 2-61 所示装上专用工具，调节百分表，使其预压缩量为 1.0 mm 以上。

③ 将专用工具 VW521/8 一起装在与从动齿轮相对的一边，如图 2-62 所示。*A* 为 1.20 mm 的调整垫片。用专用工具 VW521/4 将差速器向上和向下移动，如图 2-63 中箭头所示；记下在百分表上所产生的变化，如记下的间隙为 0.50 mm。测量时，不要转动差速器，因为它可能影响测量的结果。

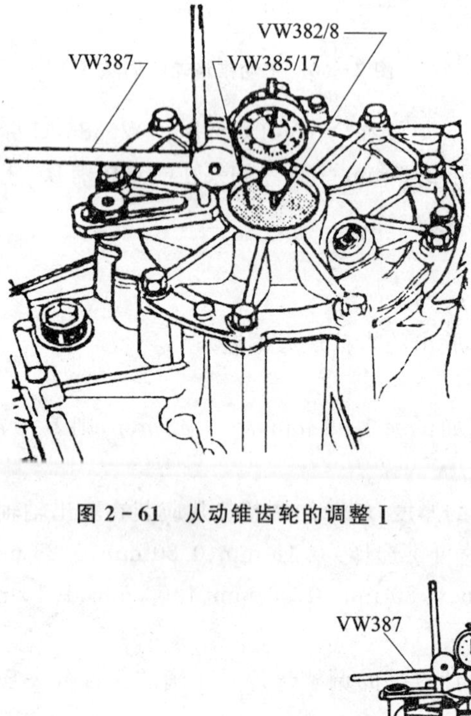

图 2-61　从动锥齿轮的调整Ⅰ

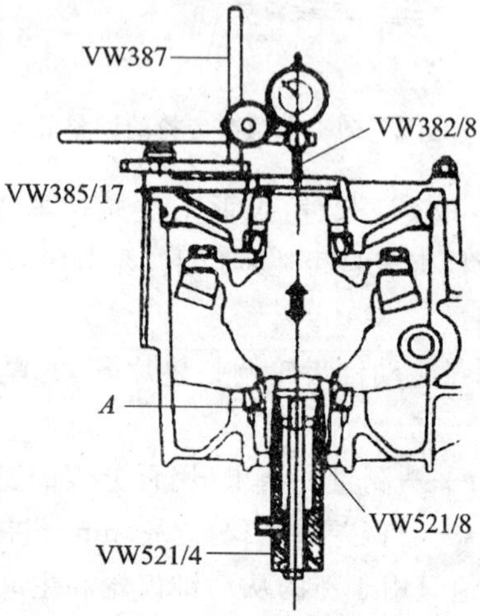

图 2-62　从动锥齿轮的调整Ⅱ

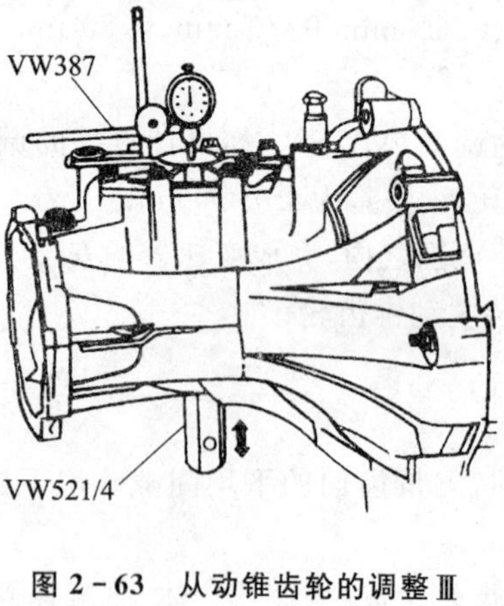

图 2-63　从动锥齿轮的调整Ⅲ

④ 将测量的结果记录下来，并将记录的间隙加上 0.40 mm 的安装压力（稳定值）。测量结果：0.50 mm＋0.40 mm＝0.90 mm。

这个值再加上标准(样板)调整垫片的厚度 1.20 mm,结果就是 $S_{合计}$。

$$测量\ S_{合计}=标准(样板)调整垫片的厚度+测量结果+安装压力$$
$$=1.20\ mm+0.50\ mm+0.40\ mm=2.10\ mm$$

⑤ 拆下主减速器盖和工具;拆下主减速器盖的轴承外圈。

⑥ 将与测量结果和安装压力的和(0.50 mm+0.40 mm =0.90 mm)一致的调整垫片连同外圈一起装在盖上,装上主减速器盖。将装配好的输入轴装上变速器壳体,用四个螺栓将其固定并用 20 N·m 的力矩旋紧。

⑦ 调整从动锥齿轮和主动锥齿轮的齿面间隙,按下列方法进行:

根据图 2-64 所示,装上专用工具。安装的位置:尺寸 A 为 71 mm,角 α 约为 90°。

锁住输入轴,如图 2-65 所示。将从动锥齿轮转至挡块位置,将表的指针对准零,倒转从动齿轮,读出齿面间实际的间隙,将取得的值记录下来。松开输入轴,转动专用工具 VW521/4 和 VW521/8 约 90°,结果差速器也转动(90°)。重新锁住输入轴。旋松 VW521/4 的螺栓,将其退回约 90°,直至 VW521/8 碰到百分表的尖头,旋紧 VW521/4 的螺栓。

反复操作四次,并记录下所取得的值。

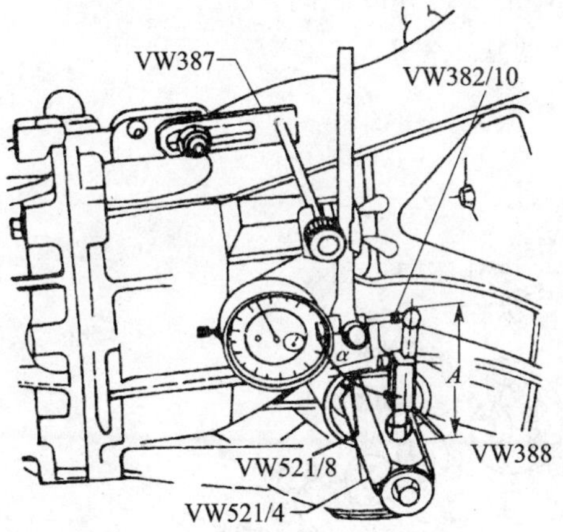

图 2-64　从动锥齿轮的调整Ⅳ

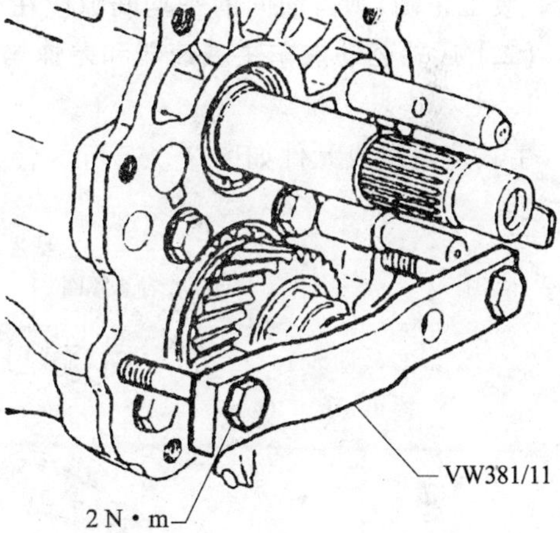

图 2-65　从动锥齿轮的调整Ⅴ

在这些测量中,如果测量的值偏差超过 0.05 mm,则可能是从动锥齿轮没有装对或者是从动锥齿轮和主动锥齿轮总成情况不好。在这种情况下,如需要应更换从动锥齿轮和主动锥齿轮总成。

⑧ 计算齿面间隙的平均间隙:

$$(第一次测量值+第二次测量值+第三次测量值+第四次测量值)/4=$$
$$(0.39\ mm+0.40\ mm+0.39\ mm+0.40\ mm)/4=1.60\ mm\div4=0.40\ mm$$

计算调整垫片 S2 的厚度(与从动锥齿轮相对的一面)S_2:

$$S_2=标准(样板)调整垫片-平均间隙+抬起(稳定值)$$

如果不更换从动锥齿轮和主动锥齿轮总成,则使用在拆下前测得的平均间隙值。例如:

$$S_2=标准(样板)调整垫片-平均间隙+抬起(稳定值)=$$
$$1.20\ mm-0.40\ mm+0.15\ mm=0.95\ mm$$

⑨ 计算调整垫片 S1 的厚度(从动锥齿轮一面)S_1:

$$S_1 = S - S_2 = 2.10\ \text{mm} - 0.95\ \text{mm} = 1.15\ \text{mm}$$

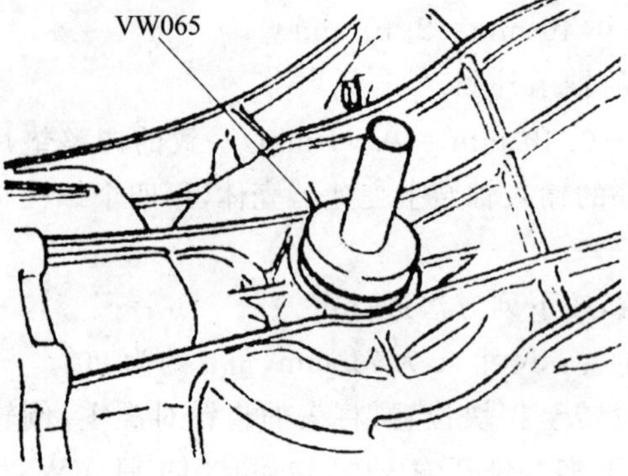

图 2-66　从动锥齿轮的调整Ⅵ

下列厚度的调整垫片可供选择 0.15 mm、0.20 mm、0.25 mm、0.30 mm、0.40 mm、0.50 mm、0.60 mm、0.70 mm、0.80 mm、0.90 mm、1.00 mm、1.10 mm 和 1.20 mm。

⑩ 拆下差速器和差速器轴承的外圈。将调整垫片 S2 装在主减速器盖上，将 S2 同轴承外圈一起装在壳体上。

将密封圈装在主减速器盖和壳体上，如图 2-66 所示。装上车速里程表的主动齿轮和锁紧套筒(如图 2-51 所示)，并使图中的 x=1.8 mm(大约)。装上差速器，重新测量齿面间隙，见图 2-53 所示。检查四个不同位置上的间隙。各次测量的间隙偏差不超过 0.05 mm。如果调整垫片 S1 和 S2 装配正确，则齿面间的平均间隙应在 0.10 mm 和 0.20 mm 之间。

(二) 后轮驱动汽车主减速器和差速器的检测与调整

1. 主减速器的组成

主减速器组成元件如图 2-67 所示。

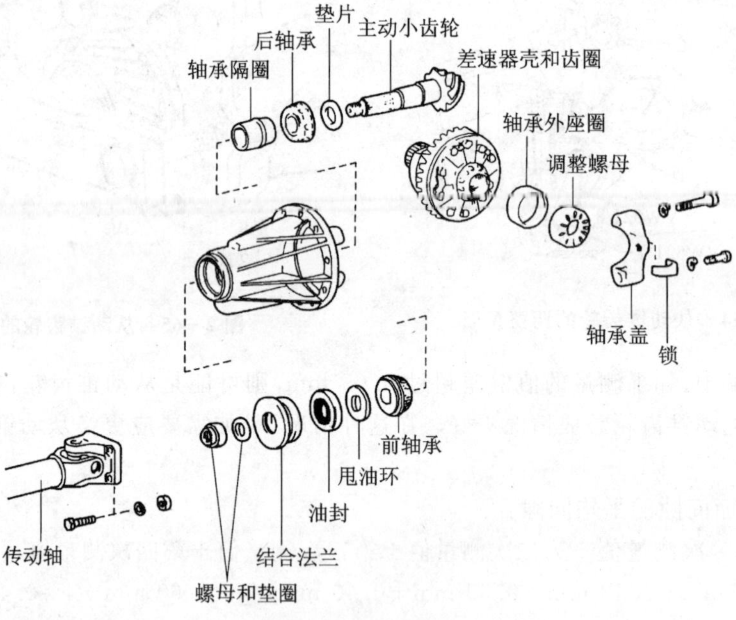

图 2-67　主减速器的组成

2. 主减速器和差速器的检测

(1) 检查主减速器主动齿轮、从动齿轮、行星齿轮及半轴齿轮的齿面

检查其是否有刮伤或严重磨损。齿轮不允许有明显的疲劳剥落，齿面出现黑斑面积不得大于工作面的 30%。主减速器及差速器壳不得有裂纹；否则，应更换总成。

(2) 检查从动锥齿轮的偏摆量

如图 2-68 所示，固定百分表座，将百分表针抵在从动齿轮背面最外端，从动齿轮旋转 1 周，记下百分表摆差读数。偏摆量要小于 0.10 mm；否则，应予更换。

(3) 检查主、从动齿轮的啮合间隙

如图 2-69 所示，固定百分表座，将百分表针抵在从动齿轮任一齿面上，固定主动齿轮，将从动齿轮沿周向来回搬动，记下百分表摆差读数。数值应在 0.13～0.18 mm 范围内；否则，应调整侧向轴承。

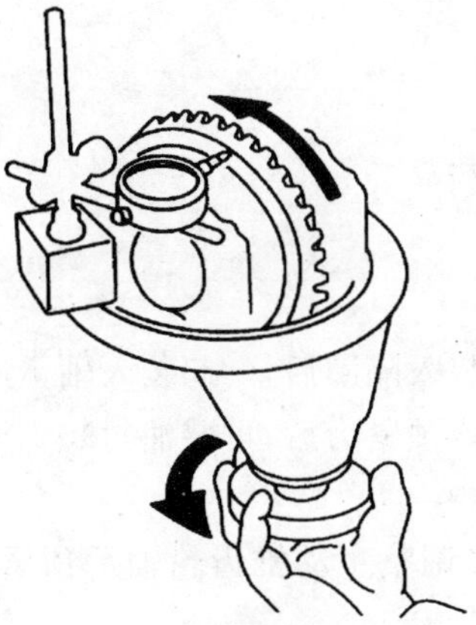

图 2-68　从动锥齿轮的检查

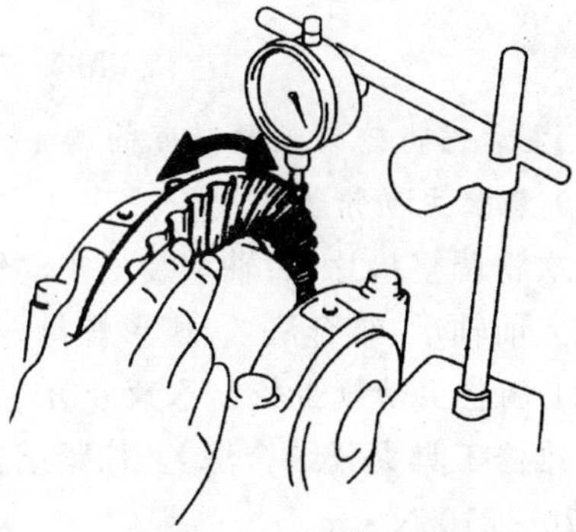

图 2-69　主、从动齿轮啮合间隙的检查

(4) 检查半轴齿轮与行星齿轮的啮合间隙

如图 2-70 所示，固定百分表座，将百分表针抵在半轴齿轮任一齿面上，将一个行星齿轮固定，用手拨动半轴齿轮，记下百分表摆差读数，数值应在 0.05～0.20 mm 范围内。如间隙不当，可调整行星齿轮和半轴齿轮背面的垫片。

(5) 检查主、从动齿轮轮齿的啮合印痕

① 在从动齿轮上三个不同位置上的三或四个轮齿上涂以红丹油，如图 2-71 所示。

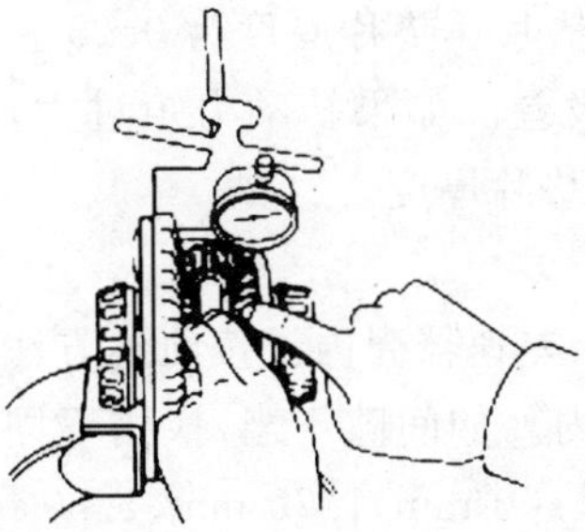

图 2-70　半轴齿轮与行星齿轮啮合间隙的检查

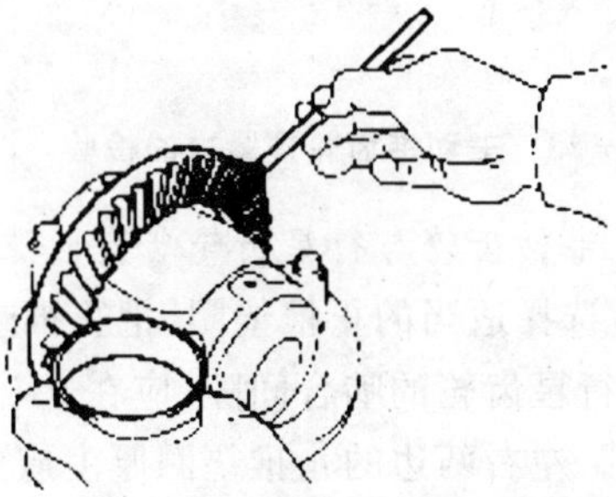

图 2-71　在从动齿轮上涂以红丹油啮合

② 朝两个不同方向转动主动齿轮，检视轮齿的啮合印痕，正确的印痕应在从动齿轮的中间偏齿根的位置，如图 2-72 所示。

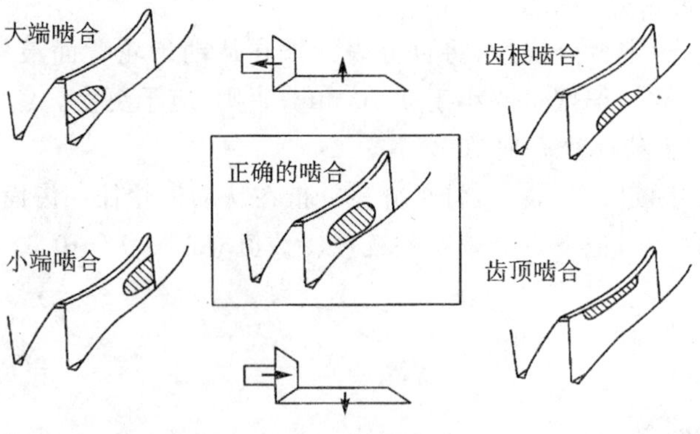

图 2-72　齿轮啮合情况的检查

3. 主动锥齿轮轴承预紧度的调整

(1) 装配主动锥齿轮

依次将调整垫片、后轴承装上主动锥齿轮轴颈上，再装入隔圈后，一起装入轴承座壳内，再依次装入前轴承、结合法兰、槽形螺母，不装油封(调整轴承预紧力后，再装油封)。

(2) 调整主动锥齿轮轴承预紧力

用维修工具夹紧结合法兰，拧紧结合法兰槽形螺母来调整主动锥齿轮轴承预紧力。扭力矩为 170～210 N・m。

(3) 检验预紧力

如图 2-73 所示，用扭力扳手扭转主动锥齿轮，扭力矩为：新轴承取 1.9～2.6 N・m；旧轴承取 0.9～1.3 N・m。亦可凭经验检查：用手左右转动结合法兰，转动灵活无阻滞，沿轴向推拉法兰没有可感觉到的轴向间隙即合适。

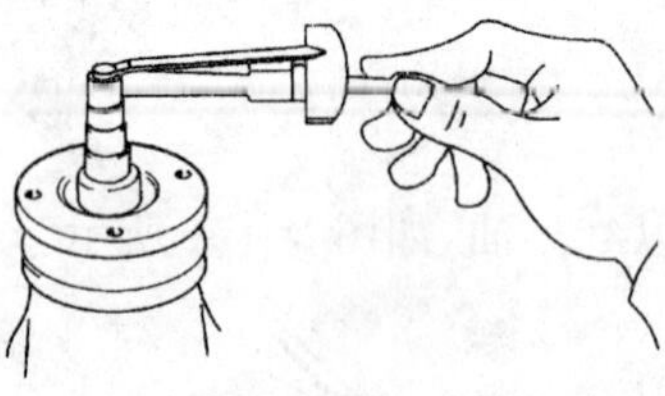

图 2-73　主动锥齿轮预紧力的检验

(4) 预紧力调整

如果转动主动锥齿轮的力矩不合适，也就是主动锥齿轮轴承预紧力一般通过拧紧结合法兰槽形螺母来调整；如果调整槽形螺母满足不了预紧力要求，则可通过更换后轴承后的调整垫片。垫片厚度为 0.25～0.45 mm，每 0.05 mm 一个级差。如果转动力矩过大，应减小垫片厚度；反之，加厚垫片厚度。

4. 半轴齿轮与行星齿轮啮合间隙的调整

① 选择适当的止推垫圈，把止推垫圈和半轴齿轮装入差速器壳内。按前述方法测量半轴齿轮与行星齿轮的啮合间隙，应在 0.05～0.20 mm 范围内。如间隙不当，换用不同厚度的止推垫圈。左右两边的止推垫圈厚度应一致。垫圈厚度有 1.60 mm、1.70 mm、1.80 mm 三种。

② 半轴齿轮轮齿大端端面的弧面与行星齿轮的背面弧面应相吻合，并在同一球面上。不合适时，应改变行星齿轮背面球形垫圈的厚度来达到。

③ 安装行星齿轮轴上的直销，并把销和差速器壳铆死，如图 2-74 所示。重复检查半轴齿轮的转动是否灵活，半轴齿轮与行星齿轮啮合间隙是否合适。

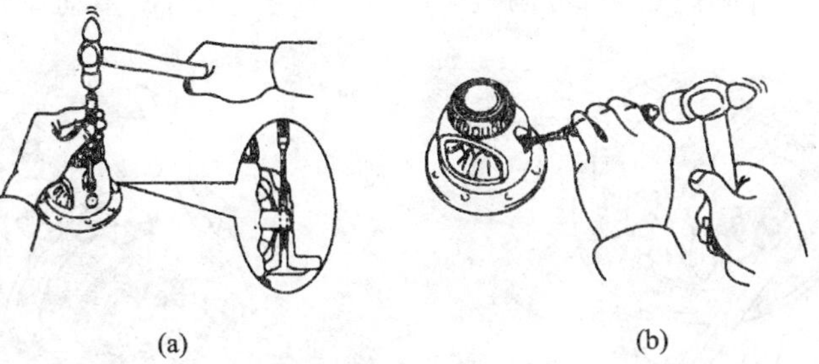

图 2-74　行星齿轮轴上直销的安装及销和差速器壳的铆死

5. 从动齿轮轴承预紧度的调整

① 如图 2-75 所示，将从动齿轮在油浴中加热至 100 ℃后，对准记号装上差速器壳。

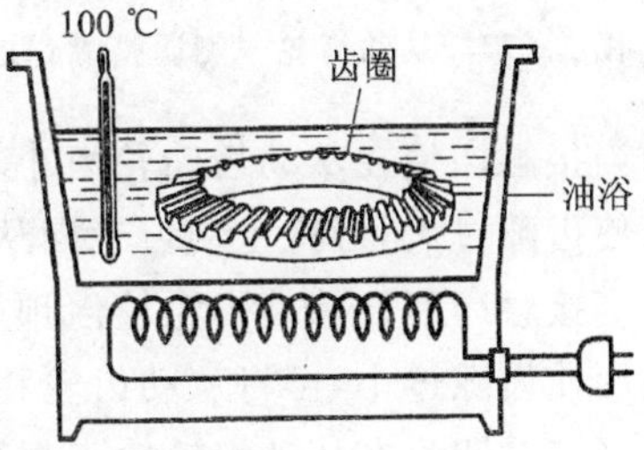

图 2-75　从动锥齿轮在油浴中加热

② 按图 2-76(a)、(b)、(c)所示顺序，把差速器总成装在托架上。注意，左右轴承外座圈不能交换位置。先装调整螺母，再装轴承盖。轴承盖要按拆卸前所做的记号装回，拧紧螺栓。用手拧紧左右调整螺母，对称均匀地压紧差速器总成左右轴承。

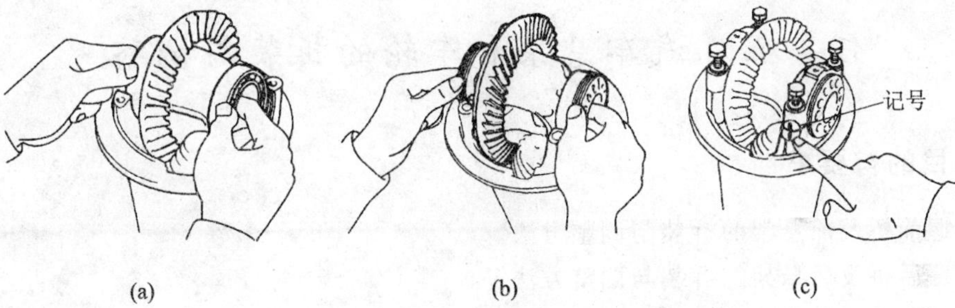

图 2-76　差速器总成、调整螺母、轴承盖的装配顺序

③ 用维修工具将从动齿轮一侧的调整螺母拧紧直至主、从动齿轮啮合间隙约 0.2 mm，如图 2-77 所示。

④ 将百分表指针抵在从动齿轮一侧的调整螺母顶上(要压表)，如图 2-78 所示，用维修工具拧紧另一侧调整螺母直至百分表指针开始摆动，再将调整螺母拧入 1～1.5 圈。

⑤ 预紧力检查：用扭力扳手扭转主动锥齿轮，扭力矩应增加 0.4～0.6 N·m。

6. 从动齿轮啮合间隙的调整

按照前面的方法，检测主、从动齿轮啮合间隙。如果间隙不符，可等量转动差速器壳左右两边的调整螺母来调整，即一侧拧紧多少圈，另一侧拧松多少圈。如果间隙过大，则将从动齿轮另一侧的调整螺母拧松，从动齿轮一侧的调整螺母拧紧；间隙过小，则反之。

7. 从动齿轮轮齿啮合印痕的调整

在调整好主、从动齿轮啮合间隙之后，才能调整轮齿啮合印痕。按前面所述的方法检验印痕。当接触印痕在从动齿轮轮齿大端时，应将从动齿轮向主动齿轮靠拢(简称“进从”)，假如因此而使主、从动齿轮啮合间隙过小，可调整主动齿轮轴承垫圈，使主动齿轮移离从动齿轮。

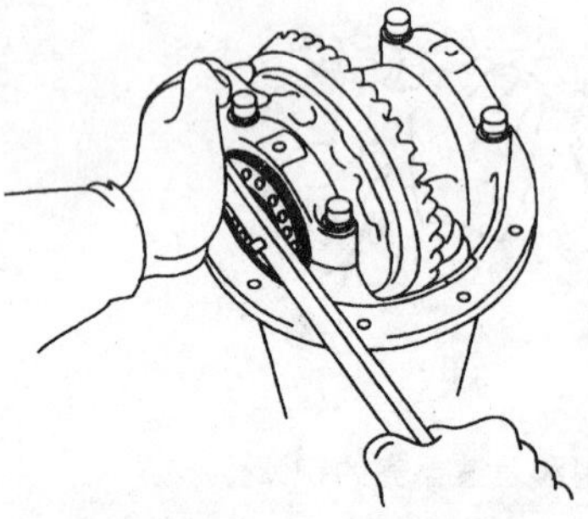

图 2-77　从动齿轮一侧调整螺母的拧紧

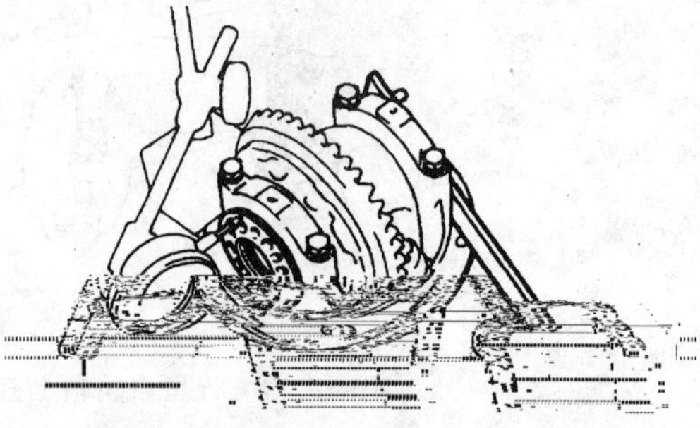

图 2-78　从动齿轮另一侧调整螺母的拧紧

当接触印痕在从动齿轮轮齿小端时，应将从动齿轮移离主动齿轮（简称“出从”）。假如因此而使齿隙过大，可将主动齿轮向从动齿轮移动。

当接触印痕在从动齿轮轮齿顶端时，应将主动齿轮向从动齿轮靠拢（简称“进主”）。假如因此而使齿隙过小，可将从动齿轮移离主动齿轮。

当接触印痕在从动齿轮轮齿根部时，应将主动齿轮移离从动齿轮（简称“出主”）。假如因此而使间隙过大，可将从动齿轮向主动齿轮移动。

简化口诀：大进从，小出从；顶进主，根出主。

任务五　汽车悬架和车轮的拆装与调整

一、实训目的与要求

① 掌握前桥及前悬架的拆装与调整方法。

② 掌握后桥及后悬架的拆装与调整方法。

③ 掌握车轮及轮胎的拆装与调整方法。

二、实训设备与工具

① 桑塔纳轿车一部，桑塔纳轿车悬架拆装专用工具一套。

② 常用工具一套，空压机一台、举升机一台，轮胎充气机一台。

③ 清洗剂、润滑油、润滑脂等各少许，棉纱、油盆等清洗工具。

三、操作步骤

（一）前悬架的结构

桑塔纳系列轿车采用前轮驱动、独立悬架的结构形式。前桥与前悬架由传动轴（半轴）总成、前悬架总成、副车架和下摇臂组成，如图 2-79 所示。

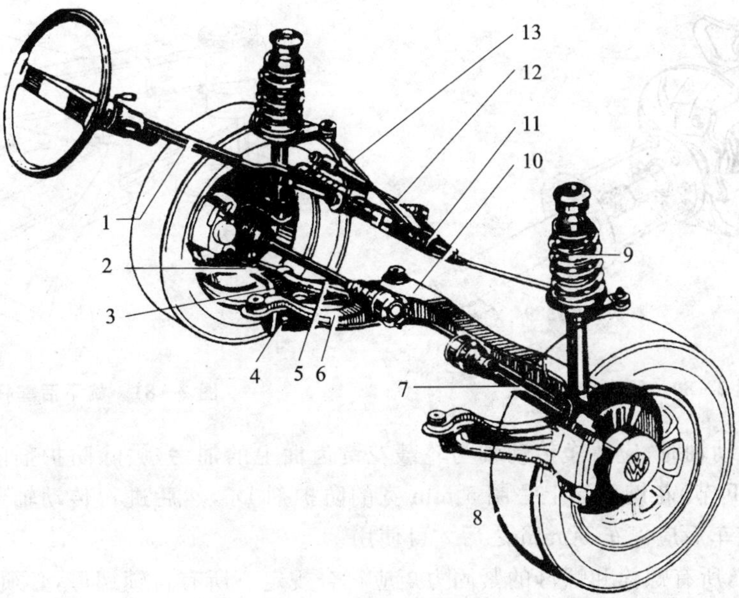

1—安全转向柱；2—车轮与下摇臂的连接螺栓；3—下摇管；4—下摇臂橡胶轴承；5—稳定杆；6—副车架；7—传动轴(半轴)；8—前轮制动钳；9—减振支柱；10—副车架前橡胶支承；11—动力转向装置；12—转向减振器；13—横拉杆(可调整)

图 2－79　前桥与前悬架结构图

(二) 前桥与前悬架的拆装与检测

1. 前悬架总成的拆装

(1) 前悬架总成的拆卸

① 取下车轮装饰罩。

② 旋下轮毂与传动轴的紧固螺母(力矩为 230 N·m),车轮必须着地。

③ 卸下垫圈,旅松车轮紧固螺母(力矩为 110 N·m),拆下车轮。

④ 旋下制动钳紧固螺栓(力矩为 70 N·m),旋下制动盘。

⑤ 取下制动软管支架,并用铁丝将制动钳固定在车身上(注意,不要损坏制动软管)。拆下球形接头紧固螺栓。

⑥ 压下横拉杆接头(力矩为 30 N·m)。

⑦ 旋下稳定杆的紧固螺栓(力矩为 25 N·m)。

⑧ 向下掀压下臂,从车轮轴承壳内拉出传动轴。或利用两个固定车轮凸缘上的螺孔,将压力装置 V. A. G1389 固定在轮毂上,用液压装置从轮毂中压出传动轴,如图 2－80 所示。

⑨ 拆掉压力装置,取下盖子,支撑减振器支柱下部,旋下活塞杆的螺母,用内六角扳手阻止活塞杆的转动,如图 2－81 所示。

(2) 前悬架总成的安装

前悬架总成的安装顺序基本上与拆卸顺序相反,但在安装时应注意以下事项:

① 不允许对前悬架总成进行焊接或整形处理,不合格的要更换新的零部件总成。

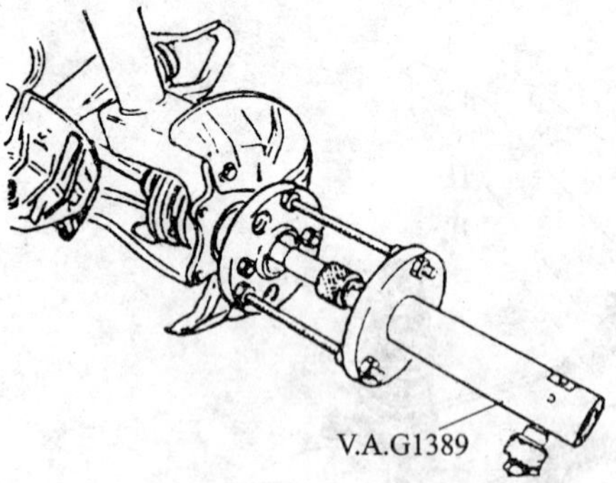

图 2-80 压出传动轴

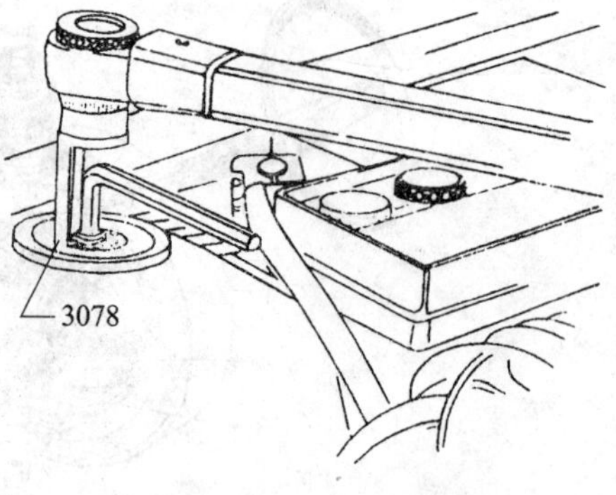

图 2-81 旋下活塞杆螺母

② 安装传动轴时，应擦净传动轴与轮毂花键齿面上的油污，去除防护剂的残留物。将外等速万向节(RF 节)花键面涂上一圈 5 mm 宽的防护剂 D6，然后进行传动轴装配。涂防护剂 D6 的传动轴装车后应停车 60min 之后才可使用。

③ 安装时，所有螺栓和螺母的紧固力矩应符合规定。所有自锁螺母，必须更换新件。

2. 副车架、下摇臂和稳定杆的拆装

(1) 副车架、下摇臂和稳定杆的拆卸

① 旋下副车架与车身固定的前悬架螺栓(力矩为 70 N·m)，拆下副车架下摇臂与稳定杆组合件。

② 旋松下摇臂与副车架连接橡胶轴套的螺栓螺母(力矩为 60 N·m)，拆下摇臂。

③ 旋松稳定杆与下摇臂连接螺栓的紧固螺母，并且拆下固定在副车架处支架螺栓(力矩为 25 N·m)，拆下稳定杆。

④ 用专用工具压出副车架前后橡胶支承四个。

⑤ 用专用工具压出下摇臂两端橡胶轴承，如图 2-82 所示。

(2) 副车架、下摇臂和稳定杆的安装

① 用专用工具压入下摇臂橡胶轴承，如图 2-83 所示。

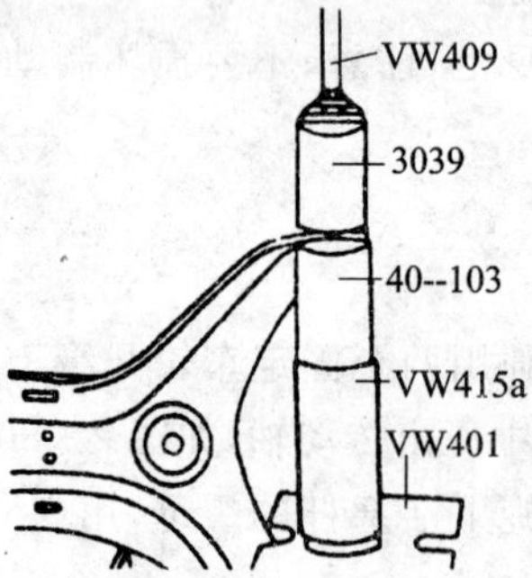

图 2-82 压出下摇臂两端橡胶轴承

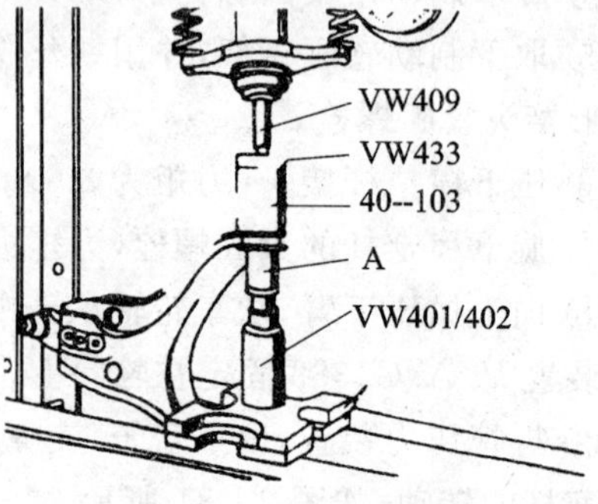

图 2-83 压入下摇臂橡胶轴承

② 用专用工具压入副车架前后端四只橡胶支承。

③ 安装稳定杆。稳定杆的正确安装位置是弯管向下弯曲，如果安装位置不留出适当余量，那么卡箍就很难装在橡胶支座上。正确的安装方法是先装上较松的卡箍，然后进行短距离

试车。这时橡胶支座就会自动滑入规定的位置,然后用 25 N·m 的力矩固定螺栓。进一步进行调整时应将车辆开到举升台上,然后紧固稳定杆。

④ 拧紧固定下摇臂与副车架的连接螺栓、螺母(力矩为 60 N·m)。

⑤ 注意事项:

自锁螺栓(螺母)拆装后要再次使用须调换新的螺栓和螺母。

副车架安装固定至车身上,其固定螺栓按车辆行驶方向拧紧顺序为后左、后右、前左、前右。

3. 减振器的拆装与检查

在车辆行驶过程中,如减振器发出异常的响声,则说明该减振器已损坏,必须更换。一般减振器是不进行修理的。减振器上如有很小渗油现象不必调换,如漏油多,则必须推拉减振器活塞杆,通过拉伸和压缩减振器来检查渗油现象,漏出的减振器油,不能再加入减振器内重新使用。漏油的减振器不能再使用。

减报器的拆装步骤如下:

① 用拉具压住弹簧座,压缩压紧弹簧,如图 2-84 所示。如果没有 V.A.G1403 工具,可用 VW340 代替。

② 松开与紧固开槽螺母,放松弹簧,可以用扳手 A 阻止活塞杆的转动以松开螺母,如图 2-85 所示。

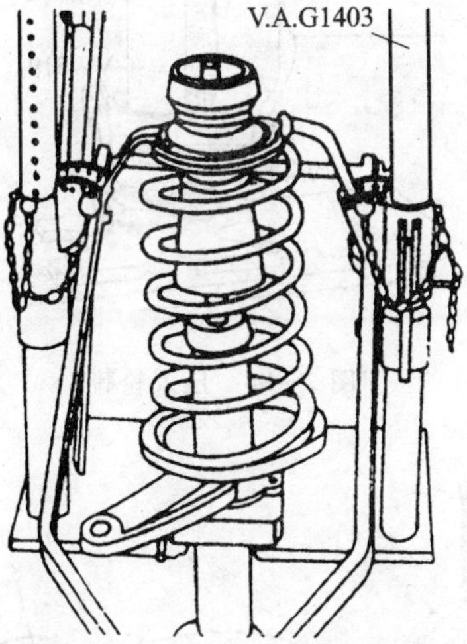

图 2-84　用拉具压缩弹簧

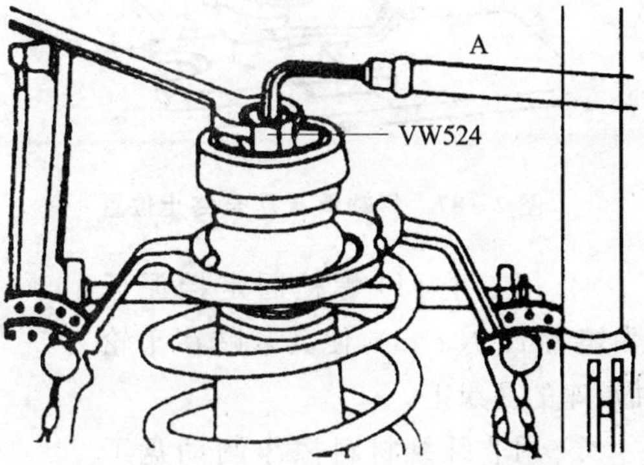

图 2-85　松开与紧固开槽螺母,放松弹簧

③ 拆卸减振器,如图 2-86 所示。

4. 前悬架支柱总成的拆装检查与调整

(1) 前悬架支柱总成的拆卸

① 拆下制动盘、挡泥板,压出轮毂。

② 拆下两边弹簧挡圈,压出车轮轴承。

③ 拉出轴承内圈。注意只能使用带箍圈的拉具,拉具上的钩子表面在使用前要用砂纸打磨一下。

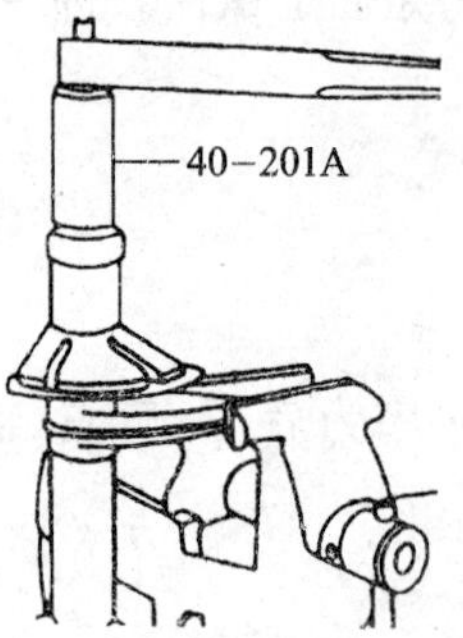

图 2-86　拆卸减振器

(2) 前悬架支柱总成的检查

在零件全部解体后，应进行清洗、检查，必要时测量。如有下列情况，必须更换新件：

① 制动盘工作面严重磨损，超出规定，或表面出现裂纹。

② 挡泥板严重扭曲变形。

③ 轮毂花键松旷，磨损严重。

④ 弹簧挡圈失效。

⑤ 车轮轴承损坏(注意整套轴承调换)。

⑥ 前悬架支柱件焊缝任何一条出现裂纹或严重变形。

(3) 前悬架支柱总成的安装与调整

① 先装外弹簧挡圈，在车轮轴承座上涂润滑脂，然后压入轴承，压至终止位置，最后装上内弹簧挡圈，如图 2-87 所示。

② 调整内外挡圈开口的位置，使其相差 180°。然后转动轴承内圈，观察是否正常。

③ 在轮毂花键和轴承颈上涂润滑脂，将轮毂压入轴承内，如图 2-88 所示。压入轮毂时，专用工具 VW519 只能顶住内轴承的内圈。

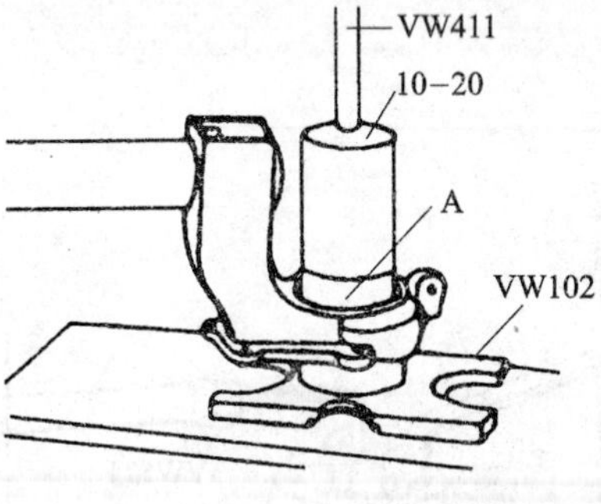

图 2-87　将轴承 A 压至终止位置

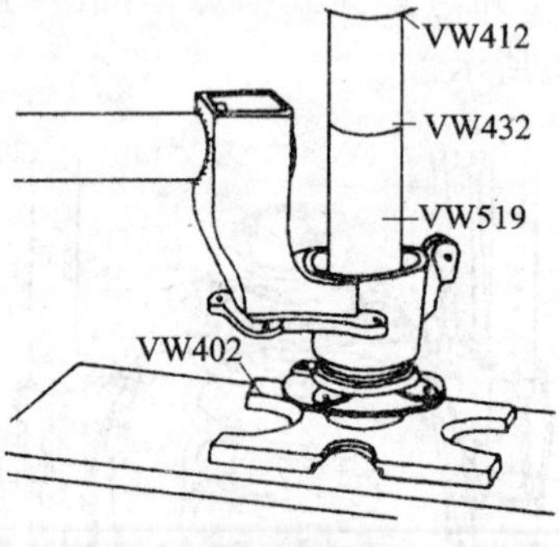

图 2-88　压入轮毂

④ 用三个 M6 螺栓固定挡泥板(力矩为 10 N · m)，使其紧贴在车轮轴承座的凸缘上。

⑤ 用非纤维材料擦净制动盘工作表面，不能有油污。装上制动盘，且紧贴在轮毂的接合面上。

⑥ 用手转动制动盘，观察是否有卡滞或异响现象。

(三) 后悬架的结构

桑塔纳 2000 系列轿车后桥是纵向摆臂式非驱动桥，后悬架为独立悬架，其结构如图 2-89 所示，分解结构如图 2-90 所示。

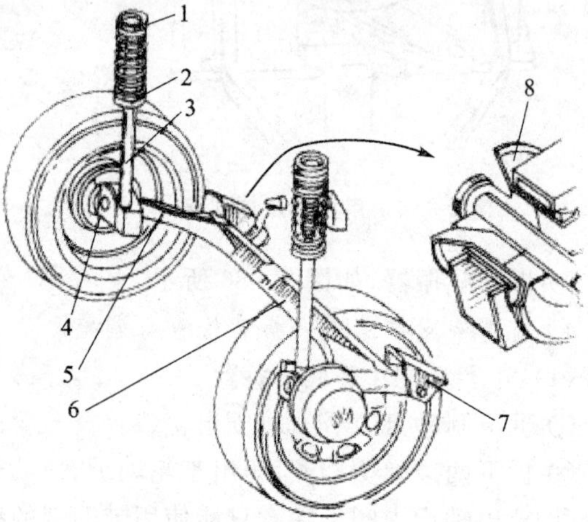

图 2-89　后桥和后悬架结构示意图

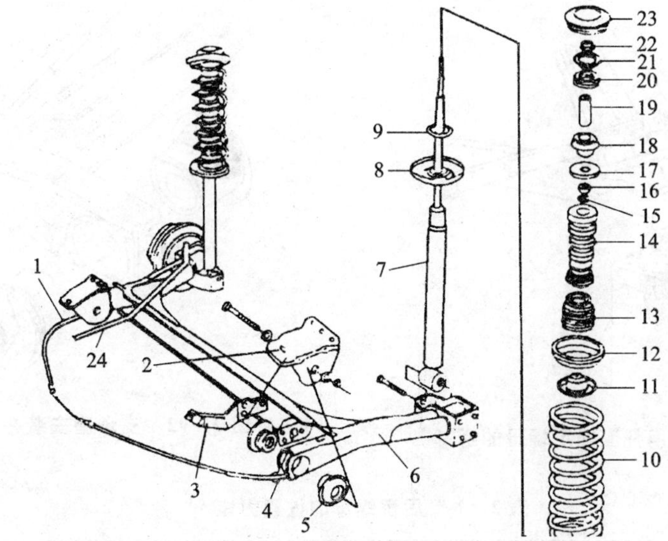

1—驻车制动拉索套管(固定弹簧钩在车身上)；2—支承座；3—调节弹簧支架；4—驻车制动拉索支架；5—金属橡胶支承；6—后悬架臂；7—减振器；8—下弹簧座圈子；9、17—垫圈；10—螺旋弹簧；11—护盖；12—上弹簧座；13—波纹橡胶管；14—缓冲块；15—卡簧；16—隔圈；18—下轴承环(橡胶件)；19—隔套；20—上轴承环；21—衬盘(隔圈)；22—自锁螺母(拧紧力矩为 35 N·m)；23—塞盖；24—制动管和制动软管

图 2-90　后桥和后悬架分解图

(四) 后桥与后悬架的拆装、检测与调整

1. 后桥与后悬架的拆装

(1) 后桥与后悬架的拆卸

① 将驻车制动拉索从拉杆上吊出，必要时脱开制动蹄。

② 分开轴体上的制动管和制动软管。

③ 松开车身上的支承座，仅留一个螺母支承。注意：如要把支承座留在车身上，须拆出支承座与横梁上的固定螺栓。安装时要绝对注意：在旋紧螺栓之前，横梁须平放，以避免金属橡胶支座在行驶中扭曲。

④ 拆下排气管吊环，用专用工具撑住后桥横梁。

⑤ 取下车室内减振器盖板。从车身上旋下支承杆座螺母，如图 2-91 所示。

⑥ 拆卸车身上的整个支承座。

⑦ 慢慢升起车辆，将驻车制动拉索从排气管上拉出。

⑧ 将后桥从车子底下拆出。注意：维修时不允许对后桥进行焊接和整形。

(2) 后桥与后悬架的安装

后桥、后悬架总成的安装可按拆卸的相反顺序进行，但应注意以下事项：

① 将驻车制动拉索铺设在排气管上面，然后将后桥装到车身上。

② 将减振器支承杆座装入车身的支架中，并用螺母固定。

③ 横梁必须平放，车身与横梁的夹角应为 17°±2°36′，如图 2-92 所示。

④ 更换所有自锁螺母，且按规定力矩拧紧。后桥螺母拧紧力矩如表 2-1 所示。

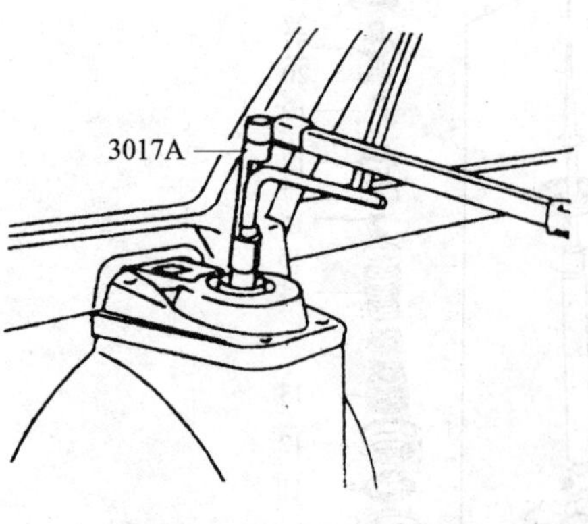

图 2-91　减振器支承杆座固定螺母的拆卸

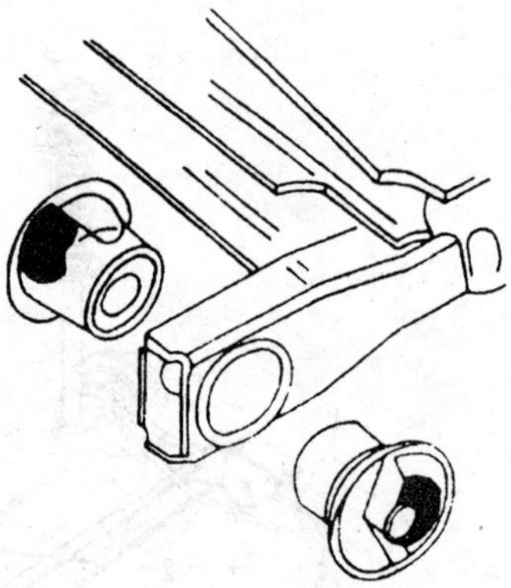

图 2-92　支承座安装在后桥上

表 2-1　后桥螺母的拧紧力矩

项　目	力矩/N·m
减振器下端至后桥固定螺母	70
减振器上端与车身固定螺母	35
支承座与车身固定螺母	45
后桥金属橡胶衬套固定螺母	70
制动底板固定螺母	60
车轮固定螺栓	90

2. 后桥轮毂轴承的拆装与调整

(1) 后桥轮毂轴承的拆卸

① 用千斤顶支起后轮，撬下后轮毂盖。

② 取下开口销及开槽垫圈；拧下六角螺母，取出止推垫圈。

③ 拆下一个车轮螺栓，用一把螺钉旋具通过车轮螺栓孔，向上拨动楔形块(如图 2-93 所示)，使制动蹄摩擦片与制动鼓放松。

④ 拉出车轮和制动鼓，并带出车轮外轴承。

⑤ 取出车轮内轴承和油封，用铜冲头敲出内外轴承外圈。

(2) 后桥轮毂轴承的检查

① 检查轴承或座圈，如有损坏，应更换新件。

② 检查制动鼓表面磨损情况，磨损严重或端面圆跳动大于 0.2 mm，则应更换制动鼓。

③ 检查后轮毂短轴的弯曲情况。用游标卡尺和直尺沿圆周方向测量直尺和轴颈的距离，如图 2-94 所示。至少测量三点，比较各次测得的读数，不得超过 0.25 mm，否则应更换短轴。

(3) 后桥轮毂轴承的安装与调整

① 用专用工具将内、外轴承外圈压入轮毂。

② 放上油封，用橡胶锤均匀地敲入。

③ 将内轴承装入，并涂以适量的锂基润滑脂。

④ 将制动鼓装入，注意不能使制动鼓内表面沾上油脂。

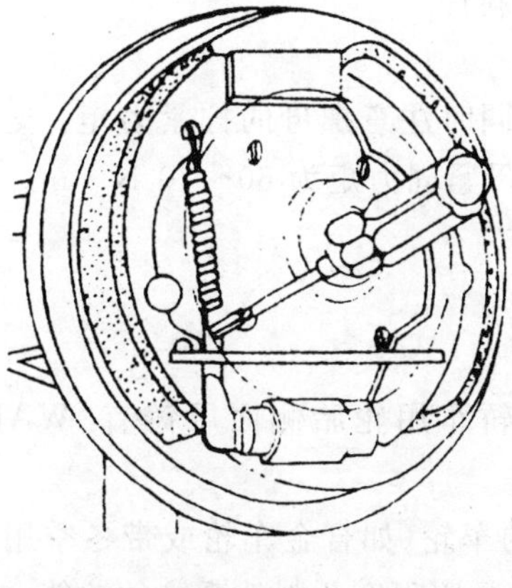

图 2-93　用螺钉旋具向上拨动楔形块

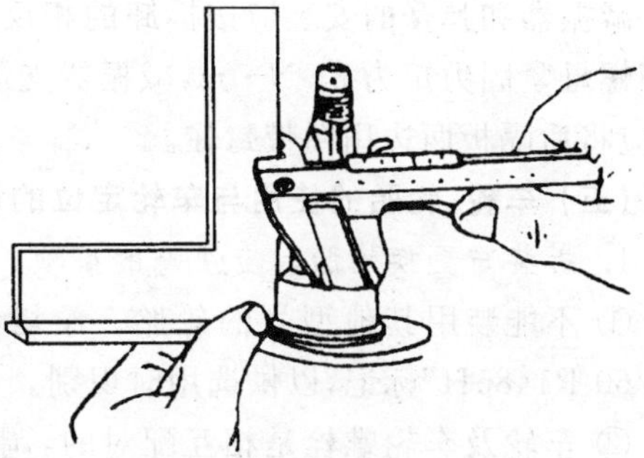

图 2-94　检查后轮毂短轴

⑤ 装上外轴承和止推垫圈，旋上六角螺母。

⑥ 调整车轮轴承间隙，正确的间隙是用一字螺钉旋具在手指的加压下，刚好能够拨动止推垫圈，如图 2-95 所示。

⑦ 装上开槽垫圈，换上新的开口销，在轮毂盖内加入适量的润滑脂，用橡皮锤轻轻敲入。

3. 减振器和弹簧的拆装与检查

(1) 减振器和弹簧的拆卸

① 将车辆在硬实的地面上停稳，用千斤顶或垫块支撑住后桥。

② 如图 2-96 中箭头所示，向上弯起车厢内减振器上方三角区域底隔板。

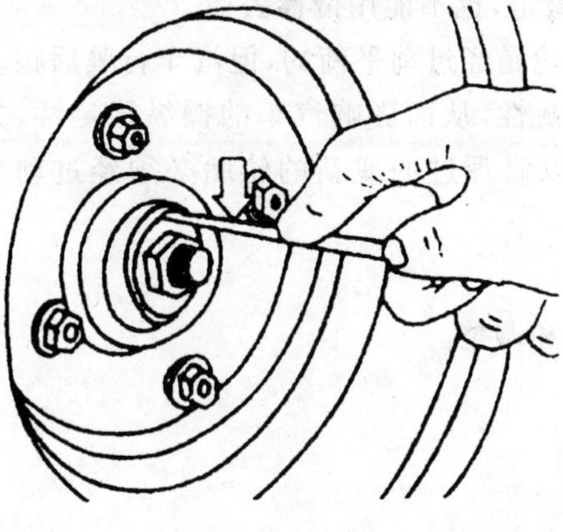

图 2-95　车轮止推轴承预紧度的调整

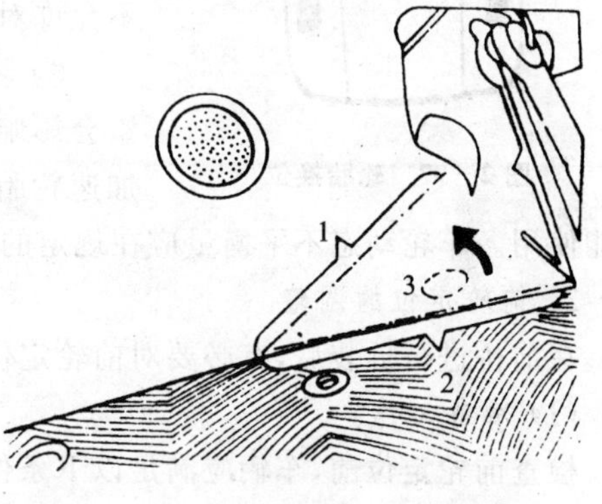

1—冲孔断边；2—缩短了的底部分；3—减振器螺母位置

图 2-96　支架与车架角度（车架水平时）

③ 拆去减振器上端与车身的固定螺母、下端与后桥的固定螺母。

④ 抬高车身，慢慢从车轮与轮罩之间拆出支承座。注意：不要同时拆卸两边的支承杆座，以免使金属橡胶支承受压过大。

(2) 减振器和弹簧的检查

① 后减振器和支承处有裂纹、筒体外漏油严重，或用专门仪器检验达不到要求，应整体更换。

② 如弹簧有损伤、裂纹或弹力下降，均需要换新件。

③ 橡胶件、缓冲块如有损伤、龟裂、老化等也要更换新件。

(3) 减振器和弹簧的安装

减振器和弹簧的安装应按拆卸的相反顺序进行,但同时注意螺母的拧紧力矩:支承座的自锁螺母紧固力矩为 35 N·m,减振器支承杆座上的螺母紧固力矩为 60～70 N·m。安装完后,应将后隔板两边用粘带封住。

(五) 车轮、轮胎的使用与车轮定位的调整

1. 拆装与更换轮胎时应注意的事项

① 不能装用其他型号的轮胎。桑塔纳 2000 系列轿车用轮胎侧面压铸有“WARRIOR 195/60 R1485H”标记,以供选用时识别。

② 车轮及车轮螺栓是相互配对的,调换不同规格的车轮(如合金车轮或带冬季用轮胎的车轮),必须采用长度及锥度合适的螺栓。它影响车轮的紧固程度及制动系统的功能。

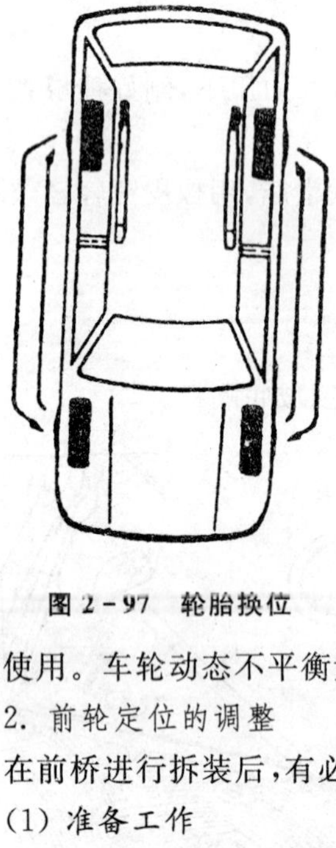

图 2-97 轮胎换位

③ 应使所有的轮胎磨损均匀一致。如果发现前轮磨损量比后轮大,应按图 2-97 所示互相调换。较深的花纹使汽车行驶更为安全,尤其是在潮湿的路面上。

④ 基于安全原因,轮胎应成对调换,而不可单个调换,花纹深的轮胎应装有前轮。在装上新的无内胎轮胎时应同时装上新的橡胶气门。

⑤ 拆轮胎时,应用千斤顶将车身顶起,但必须将千斤顶顶在指定的位置上。

⑥ 轮胎与轮辋必须配套使用,拆装时需用轮胎拆装机,不允许对轮辋进行敲击,也不能用撬棒去撬。

⑦ 新车上的车轮是经过动平衡的,但汽车行驶后很多因素会影响车轮的平衡性,从而影响汽车的操纵稳定性,并且加速轮胎磨损。所以修理过的或新的轮胎必须经过动平衡才能使用。车轮动态不平衡量应在规定的范围内。

2. 前轮定位的调整

在前桥进行拆装后,有必要对前轮定位进行检查和调整。

(1) 准备工作

检查前轮定位前,车辆应满足以下条件:

① 车轮无负载,轮胎气压符合规定。

② 车轮正确调试,悬架活动自如。

③ 转向器调整正确,前悬架中无大的间隙和损坏。

④ 桑塔纳 2000 系列轿车前轮定位最好使用光学测量仪。如果没有,检查前轮外倾角可用专用 3021 量角器,检查前束可用机械轮距测试器。

⑤ 桑塔纳 2000 系列轿车前轮定位,仅前束和前轮外倾角可调整。在车辆行走 1 000～2 000 km 后螺旋弹簧的长度基本定型的情况下,测量调整最为适宜。

(2) 调整前束

用光学测量仪和专用工具 3075 调整前束。

① 将转向器置于中间位置。旋出中间轴盖上的螺栓(见图 2-98)。

② 将带有挂钩的专用工具安置在左横拉杆的紧固螺母上，如图 2－99 所示。

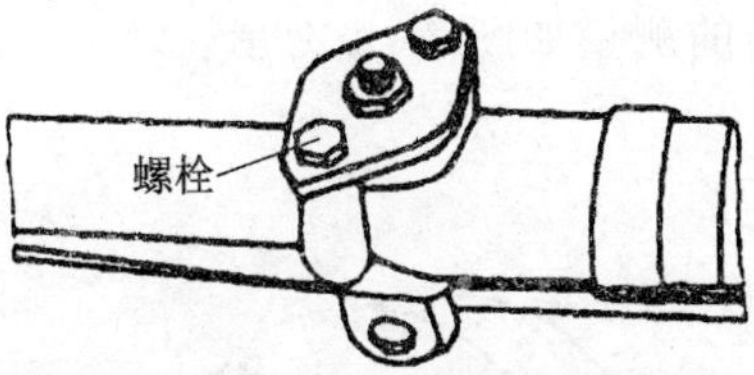

图 2－98　拧出盖上的螺栓

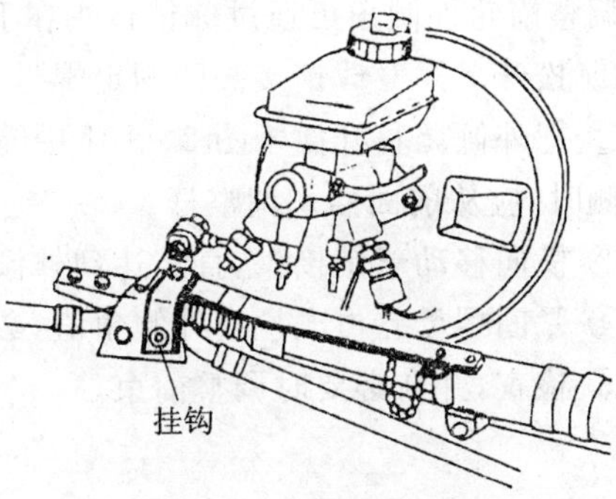

图 2－99　调整前束

③ 然后用提供的螺钉和作为衬垫的间隔件固定到标有记号的转向器孔中。注意：不得使用一般螺钉，因为太短，会碰坏转向盘的螺纹。

④ 总前束值分两半，分别在左右横拉杆上调整。调整前束横拉杆的分解图如图 2－100 所示。

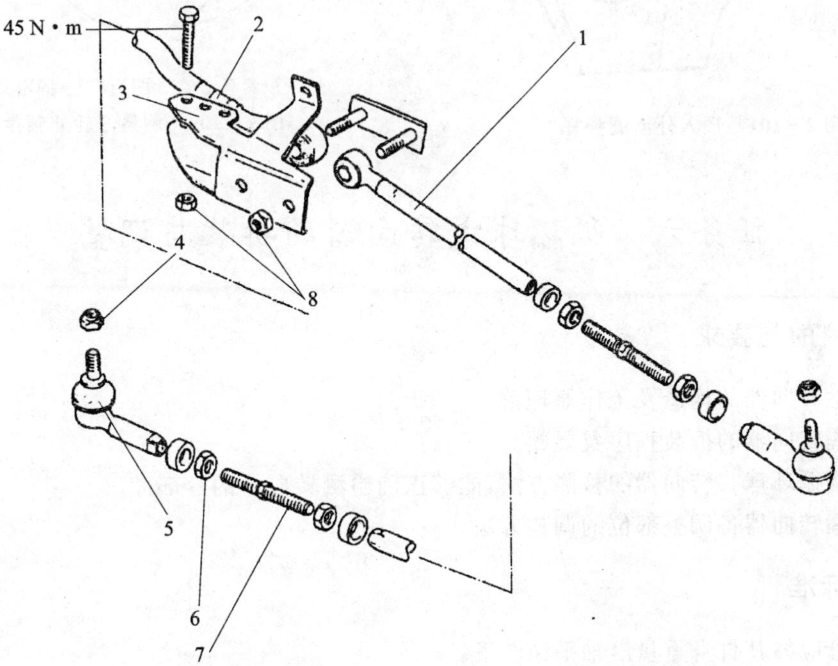

1—左横拉杆；2—右横拉杆；3—支架；4—自锁螺母；5—球接头；
6—锁紧螺栓；7—调整前束双头螺栓；8—自锁螺母

图 2－100　调整前束横拉杆的分解图

⑤ 固定横拉杆，必要时调整转向盘。

⑥ 拆出专用工具 3075，重新拧紧盖上螺栓，拧紧力矩为 20 N · m。

(3) 调整外倾角

调整前轮外倾角可通过球销接头在下摇臂长孔中的位移来调整，此时车轮应着地。

① 松开下摇臂球销接头的固定螺母。

② 把外倾调整杆插于图 2－101 中箭头所示的孔中。调整左侧时，从后面插入调整杆；调整右侧时，应从前面插入调整杆。

③ 横向移动球销接头，直至达到外倾角值。外倾角的测量如图 2－102 示。

④ 紧固螺母并再次检查外倾角值，必要时调整。

⑤ 检查，并在必要时调整前束。

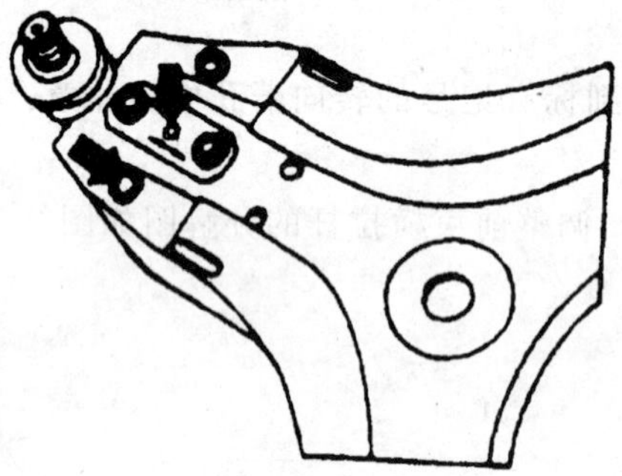

图 2－101　插入外倾调整杆

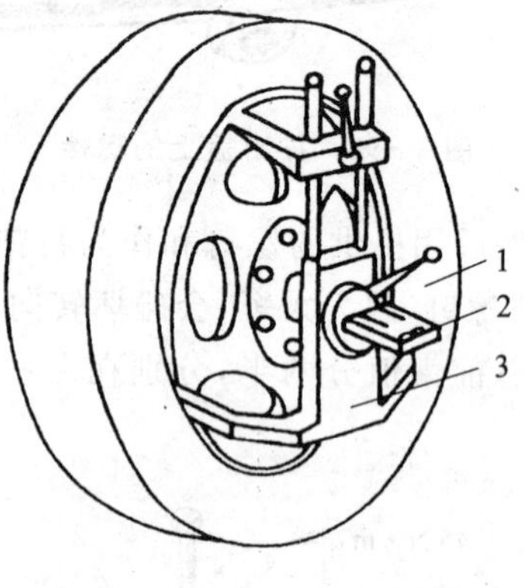

1—被测车轮；2—水准仪；3—固定支架

图 2－102　测量车轮外倾角

任务六　循环球式转向器的拆装与调整

一、实训目的与要求

① 熟悉转向器的构造及工作原理。

② 掌握转向器的拆装程序及要领。

③ 掌握循环球式转向器的检测方法，能够正确检测转向器的零部件。

④ 掌握转向器各调整部位的调整方法。

二、技术标准

① 螺母应靠其自身重量沿轴平稳转下。

② 螺母与螺杆之间的轴向间隙应小于 0.08 mm。

③ 扇形齿轮轴的最大轴向间隙应小于 0.05 mm。

三、实训设备与器材

循环球式转向器 1 台，维修工具 1 套，扭力扳手 1 把，齿轮油 1 瓶。

四、操作步骤

1. 循环球式转向器的组成

循环球式转向器的组成元件如图 2－103。

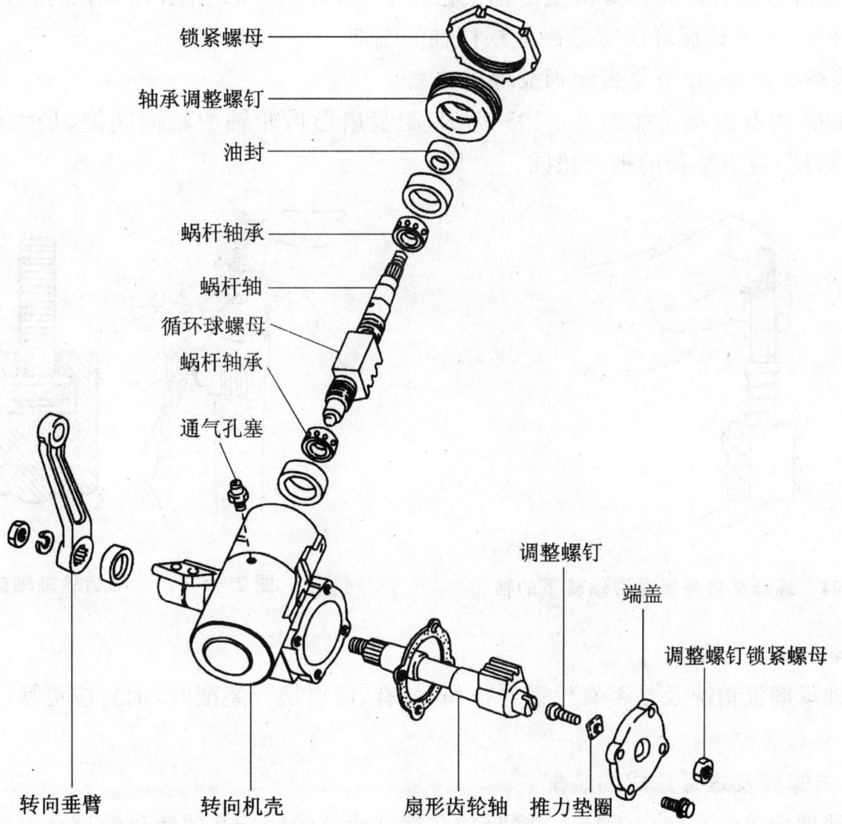

图 2－103　循环球式转向器分解图

2. 循环球式转向器的拆卸

① 拆下放油螺栓，排净齿轮油。

② 将转向臂轴转到中间位置（直线行驶位置，即将转向螺杆拧到底后，再返回约 3.5 圈），在转向垂臂和扇形齿轮轴上做好记号，再拧下侧盖的四个紧固螺栓，用软质锤或铜棒轻轻敲打转向臂轴端头，取出侧盖和转向臂轴总成（注意：不要划伤油封）。

③ 拧下转向器底盖的四个紧固螺栓，再用铜棒轻轻敲转向螺杆的一端，取下底盖。

④ 从壳体中取出转向螺杆及转向螺母总成。注意：不要使转向螺杆花键划伤油封。

⑤ 螺杆及螺母总成如无异常现象尽量不要解体。如必须解体时，可先拆下三个固定导管夹螺钉拆下导管夹，取出导管，同时握住螺母，缓慢地转动螺杆排出全部钢球。注意：两个循环钢球最好不要混在一起，不要丢失；每个循环有 48 个钢球，共有两个循环；如果有一个钢球留在螺母里，螺母也不能拆下。

3. 转向器零件检测

(1) 蜗杆和循环球螺母的检查

① 将蜗杆保持不动，且使钢球螺母不转动，轴向推拉螺母，用百分表检查其轴向间隙(应小于 0.08 mm)。

② 检查螺母是否靠其自身重量沿轴平稳转下，如图 2-104 所示。如有问题，应更换转向器总成。注意，不要让循环球螺母碰撞蜗杆轴的端部。

(2) 扇形齿轮轴、推力垫圈和调整螺钉检查

检查其是否有磨损。如图 2-105 所示，测量扇形齿轮轴的轴向间隙，最大间隙应小于 0.05 mm；否则，应更换新的推力垫圈。

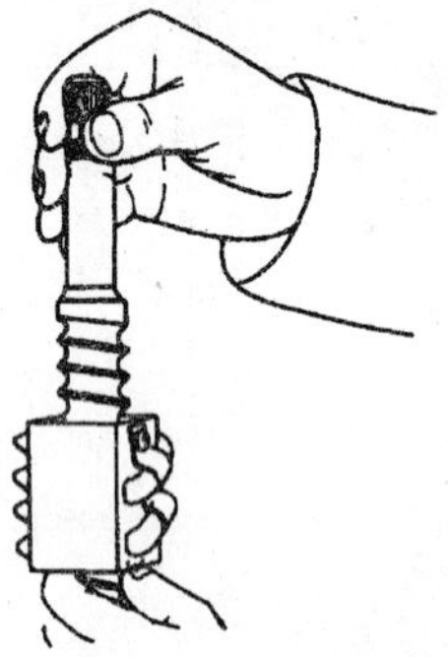

图 2-104 螺母靠自身重量沿轴转下的检验

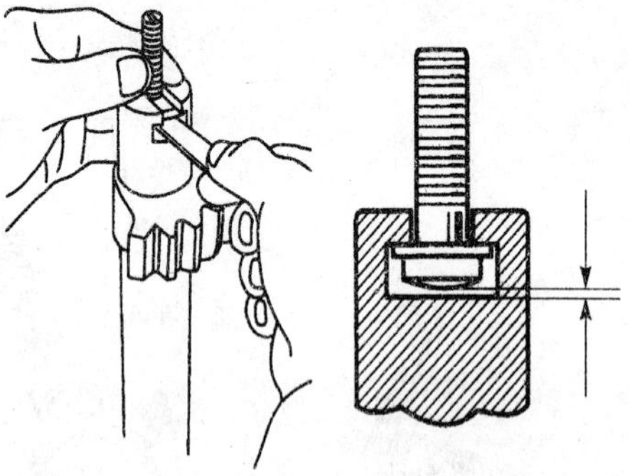

图 2-105 扇形齿轮轴轴向

(3) 轴承磨损检查

检查轴承磨损情况及是否有发蓝等损伤，如有，应更换。装配时，油封应更换。

4. 转向器装配

① 转向螺杆及螺母总成的装配：

先将转向螺母套在转向螺杆上，螺母放在螺杆滚道的一端并使螺母滚道孔对准滚道，再将钢球由螺母滚道孔中放入，边转动螺杆，边放入钢球(两滚道可同时进行)。每个滚道约放 36 个钢球，其余 24 个钢球分装于两个导管里，并将导管两端涂以少量润滑脂插入螺母的导管孔中；同时用木锤轻轻敲打导管，使之落到底。然后，用导管夹把导管压在螺母上，并用 3 个螺钉紧固。装配好的螺母、螺杆总成轴向和径向间隙应不大于 0.06 mm；如果超过规定值，应成组更换直径较打的钢球。更换的钢球装好后，用手转动螺杆应保证螺母在螺杆滚道全长范围内转动灵活无发卡现象。当螺杆、螺母总成处于垂直位置时，螺母应能从螺杆上端自由匀速地落下。最后，把向心推力球轴承外圈压入底盖和壳体内，同时将轴承内圈总成压到转向螺杆的两端。

② 如图 2-106 所示，在轴套、轴承和油封上涂以多用途润滑脂，将蜗杆插入转向机壳。

③ 装上轴承调整螺钉，并用扭力扳手一边转动蜗杆轴，测量开始转动所需扭矩，一边拧紧调整螺钉，直至力矩达到 0.4～0.5 N·m 时为止，如图 2-107 所示。

④ 固定调整螺钉，上紧锁紧螺母，如图 2-108 所示，其力矩为 150 N·m。

⑤ 将循环球螺母置于蜗杆轴的中央，然后将扇形齿轮轴插入转向机壳，如图 2-109 所示。

⑥ 在垫圈和端盖上涂以密封胶，尽可能拧松调整螺钉，装上端盖，如图 2－110 所示。

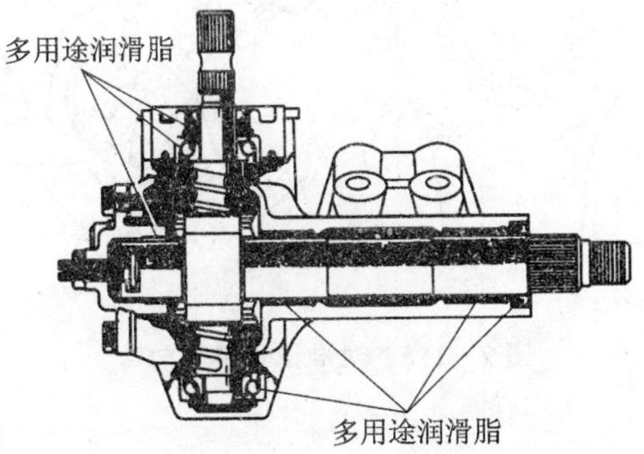

图 2－106　涂多用途润滑脂的部位

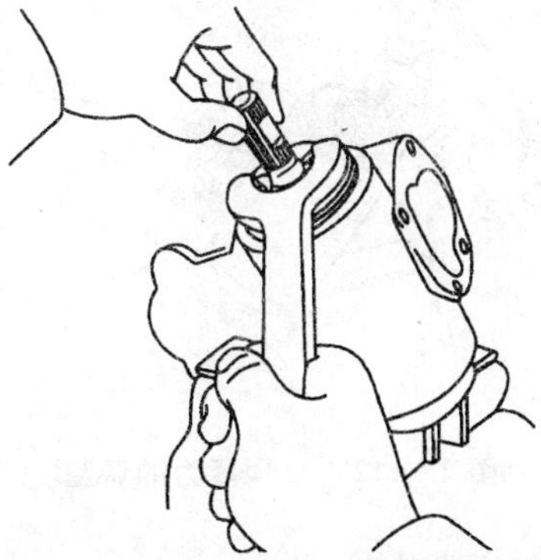

图 2－107　轴承调整螺钉的装配

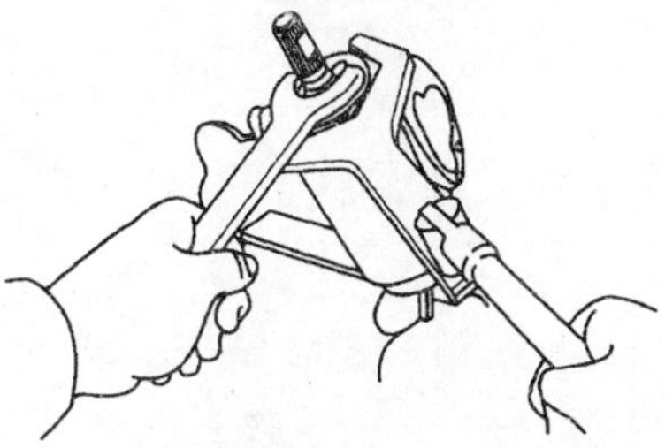

图 2－108　调整螺钉锁紧螺母的上紧

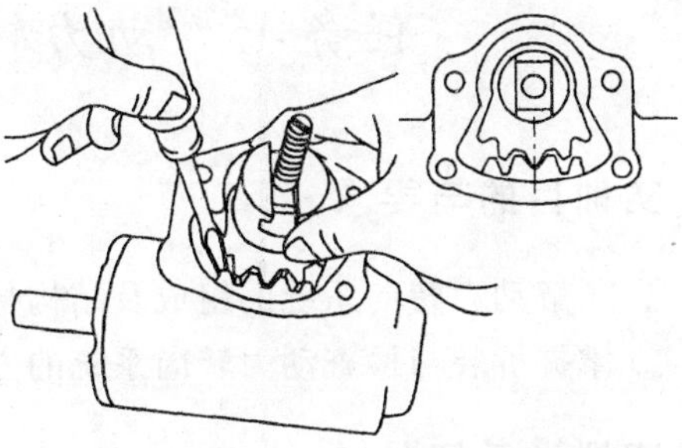

图 2－109　将扇形齿轮轴插入转向器机壳

⑦ 将蜗杆轴置于中间位置，其方法是数轴的总旋转周数，然后将轴旋转回此数的一半，做好记号，如图 2－111 所示。

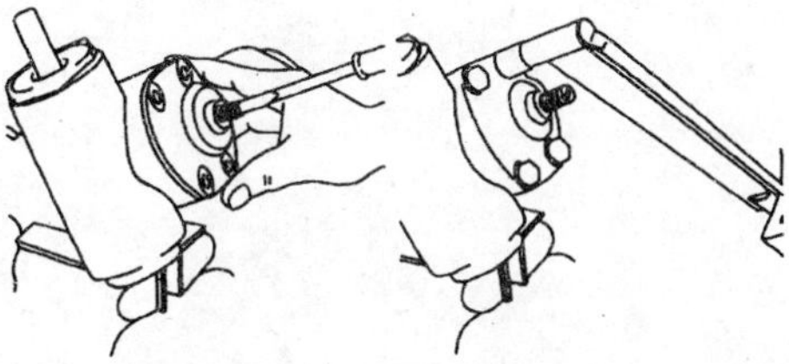

图 2－110　端盖的装配

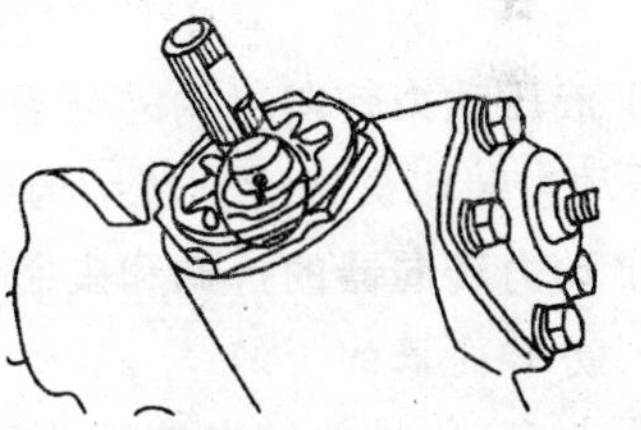

图 2－111　将蜗杆轴置于中间位置并做记号

⑧ 调整总预紧力。如图 2－112 所示，用扭力扳手边测量预紧力，边旋转调整螺钉，直到预紧力合适为止。注意，这时必须确保蜗杆轴置于中间位置。预紧力为 0.8～1.1 N·m。最后，固定调整螺钉，锁紧锁紧螺母。

⑨ 对准记号，装好转向臂，如图 2－113 所示。

5. 转向摇臂轴齿扇与转向螺母齿条的啮合间隙检查

拧紧锁紧螺母将调整螺栓锁住，然后用百分表针抵在转向臂上，在表针不动的情况下使蜗杆轴在空挡左右两侧都不应有超过 5°的间隙；否则，用调整螺栓调整扇齿与齿条的啮合间隙。

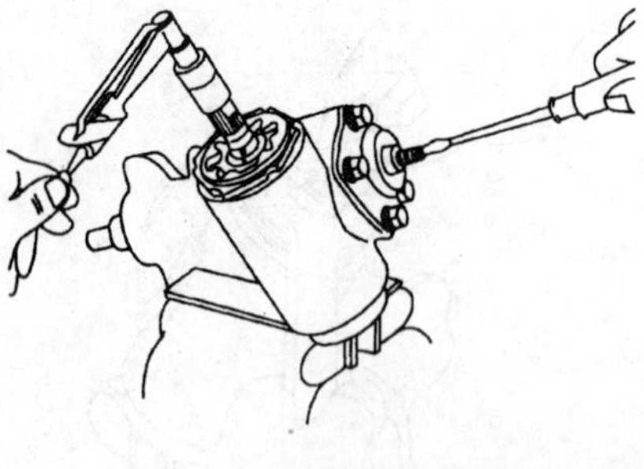

图 2-112　总预紧力的调整

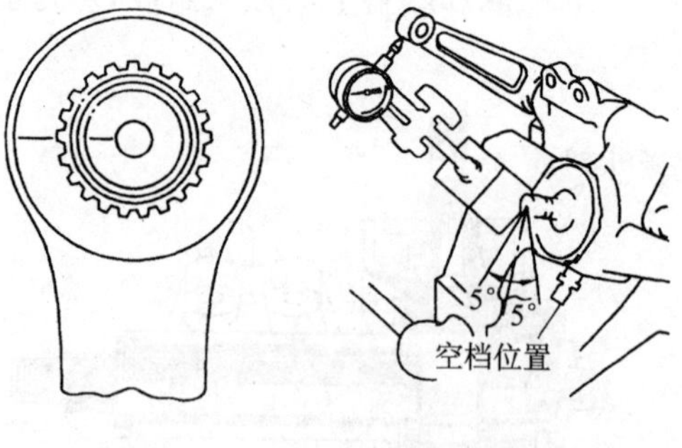

图 2-113　对准记号装转向臂

6. 加注齿轮油

注满新齿轮油，机油液位离顶部 8～18 mm。

任务七　动力转向系统的拆装与检查

一、实训目的与要求

① 了解动力转向系统的组成及结构特点。

② 掌握拆装与检查动力转向系统的方法与技能；

二、实训设备与器材

① 桑塔纳型系列轿车一台(有完好动力转向系统)。

② 专用工具 1 套，油压检测仪表 1 套，常用维修工具 1 套。

三、操作步骤

(一) 液压动力转向机构的分解结构

液压动力转向机构的分解结构如图 2-114 所示。

(二) 动力转向器的拆卸和安装

1. 动力转向器的拆卸

① 吊起车辆，排放转向液压油(ATF 润滑油)。

② 拆下固定横拉杆的螺母。

③ 拆卸左前轮罩处的转向器固定螺栓。

④ 松开在转向控制阀外壳上的高压油管。

⑤ 拆卸后横板上固定转向器的左边自锁螺母。

⑥ 把车辆放下，拆卸紧固齿条与转向横拉杆的螺栓。

⑦ 拆卸仪表板侧边下盖、通风管和踏板盖。

⑧ 拆卸紧固转向小齿轮与下轴的螺栓，使各轴分开。

⑨ 拆卸防尘套，从汽车内部，拆卸固定转向控制阀外壳上回油软管的泄放螺栓。

⑩ 拆卸后横板上转向器的固定自锁螺母，拆下转向器。

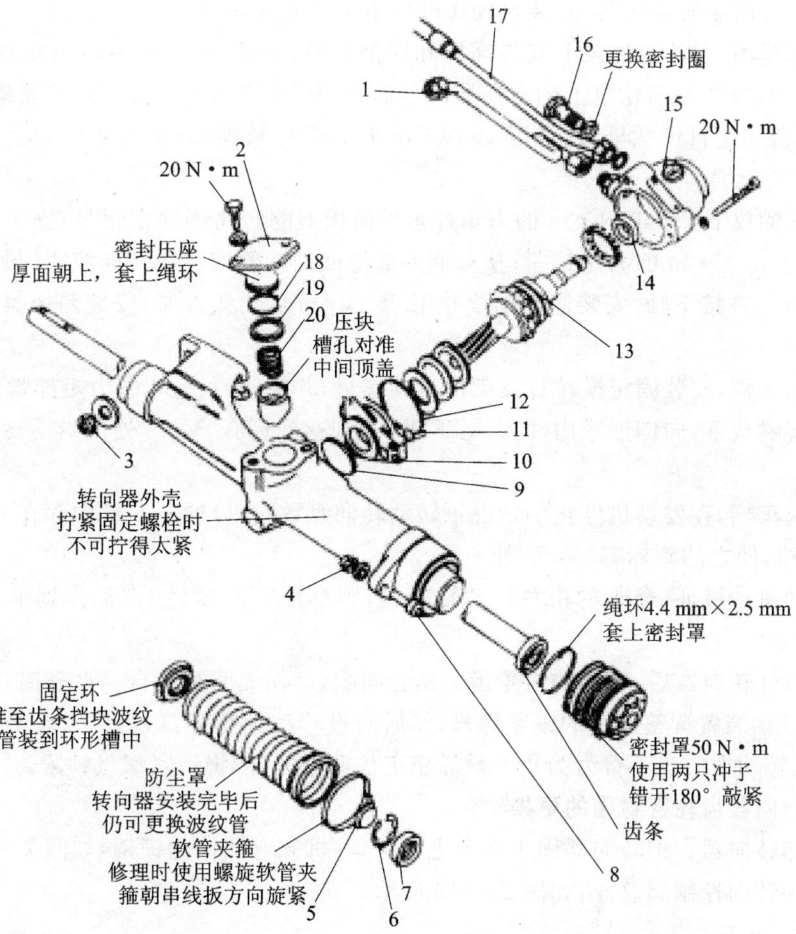

1—油管 40 N·m；2—压盖；3—自锁螺母 35 N·m；4—自锁螺母 20 N·m；5—更换齿形环；6—挡圈；7—齿条密封罩；8—圆柱内六角螺栓；9—圆绳环 42 mm×2 mm；10—中间盖；11、12、18—圆绳环；13—转向机构主动齿轮；14—密封圈；15—阀门罩壳；16—管接头螺栓 30N·m；17—回油管；19—补偿垫片；20—压簧

图 2-114　液压动力转向机构的分解结构图

2. 动力转向机构零件的检查

① 检查转向柱有无弯曲(转向柱直线度误差应不大于 1.00 mm)、安全联轴节有无磨损或损坏、弹簧弹性是否失效，如有，则应修理或更换新件。

② 横拉杆直线度误差应不大于 1.50 mm，否则更换。

③ 接触环弹簧及横拉杆球头销弹簧失效，各橡胶、塑料衬套及防尘套老化、破裂或磨损严重，横拉杆螺纹损伤超过 2 牙、球头销磨损严重或出现裂纹等，均应更换。

④ 检查齿条。将齿条架于平板“V”型铁上，用百分表检查径向圆跳动。最大径向圆跳动为 0.3 mm；否则，应予更换。检查齿条背面有无磨损或损坏，如有，应更换齿条。

3. 动力转向器的安装与调整

安装时应注意：油泵上和在转向控制阀上固定泄放螺栓的密封环只要被拆卸，就应该更换。

① 安装后横板的转向器,安装自锁螺母但不必完全拧紧。

② 吊起车辆,在转向油泵上安装高压和回油软管,并用 40 N·m 的力矩拧紧螺栓,并使用新的密封圈;安装左前轮罩上的转向器固定螺栓,并用 20 N·m 的力矩拧紧螺母;安装后横板上的转向器固定自锁螺母,并且用 40 N·m 的力矩拧紧螺母;把高压管固定在转向控制阀外壳上。

③ 把车辆放下,用 40 N·m 的力矩拧紧后横板上的转向器固定螺母;安装横拉杆支架固定螺栓,并用 45 N·m 的力矩拧紧;从车辆内部把回油软管安装在转向控制阀外壳上;安装保护网(防尘套);连接下轴,安装固定螺栓并用 25 N·m 的力矩拧紧;安装踏板盖。通风管和仪表板盖。

④ 吊起车辆,安装固定横拉杆支架的自锁螺母,并用 45 N·m 的力矩拧紧。

⑤ 把车辆放下,向储油罐内注入 ATF 油,直到达到标有"Max"处。绝不要再使用已排出的 ATF 油。

⑥ 吊起车辆,在发动机停止的情况下转动转向盘数次,以便把系统中存在的空气排出,并补充 ATF 油,使之达到标有"Max"处。

⑦ 起动发动机,完全向左和右转动转向盘,观察油面高度,一直操作到油面稳定在标有"Max"处为止。

⑧ 安装好转向器后,应调整齿轮齿条啮合间隙,确保无间隙啮合。调整时,车轮直行且着地,先松开补偿装置调整螺钉的锁紧螺母,然后向里拧动调整螺钉,直到齿轮与齿条啮合间隙完全消除且转动方向盘不费力为止。最后稳定住调整螺钉,将锁紧螺母锁紧。

(三) 转向器齿轮密封圈的更换

① 拆卸转向器。把转向器固定在台虎钳上,并拆卸弯曲棒的锁销,如图 2-115 所示。

② 拆卸转向控制阀总成,如图 2-116 所示。

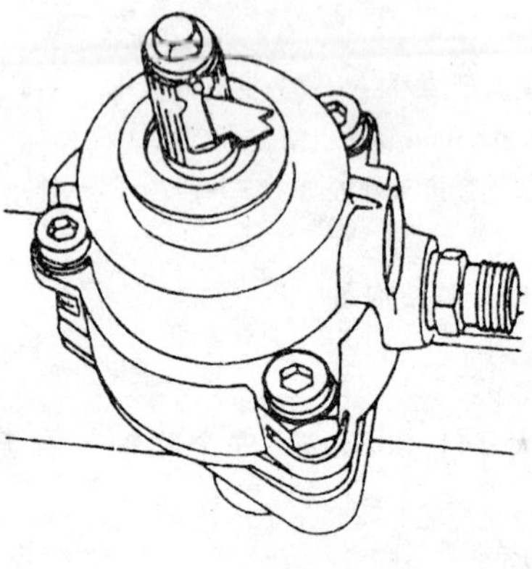

图 2-115 拆卸弯曲棒的锁销

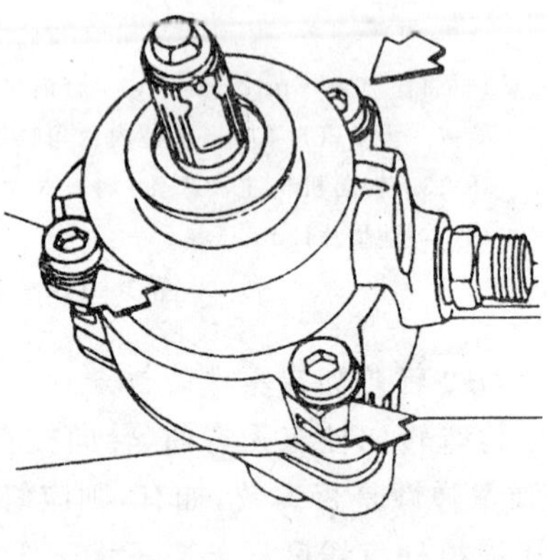

图 2-116 拆卸转向控制阀

③ 拆卸转向控制阀外壳的密封圈,如图 2-117 所示。

④ 使用专用工具 VW065 和塑料铆头,把新的密封圈安装在转向控制阀外壳上,如图 2-118 所示。

(四) 转向油泵的拆装

转向油泵的分解如图 2-119 所示。拆卸和安装转向油泵时均可参照此图进行。

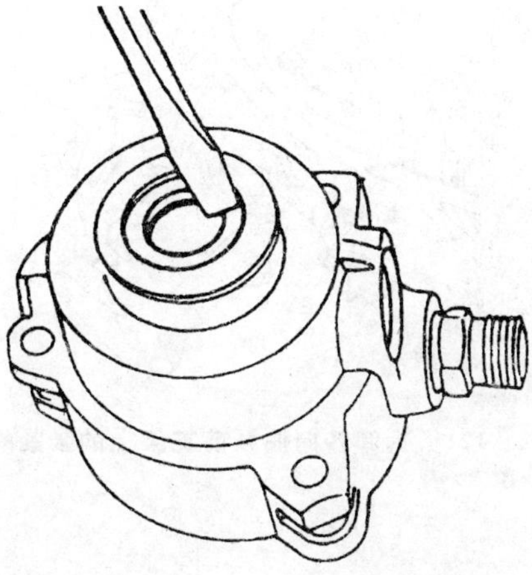

图 2－117　拆卸密封圈

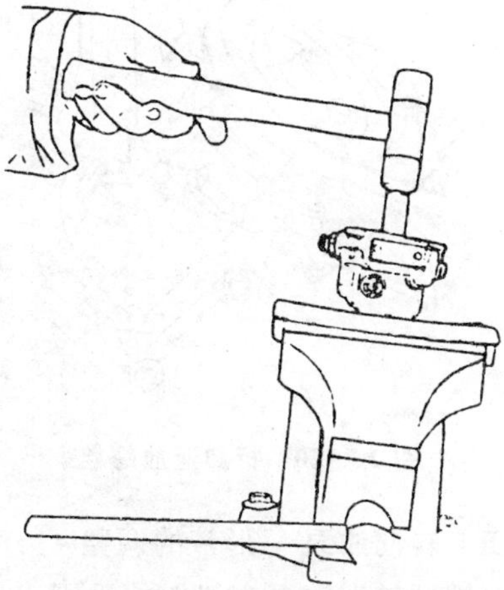

图 2－118　安装密封圈

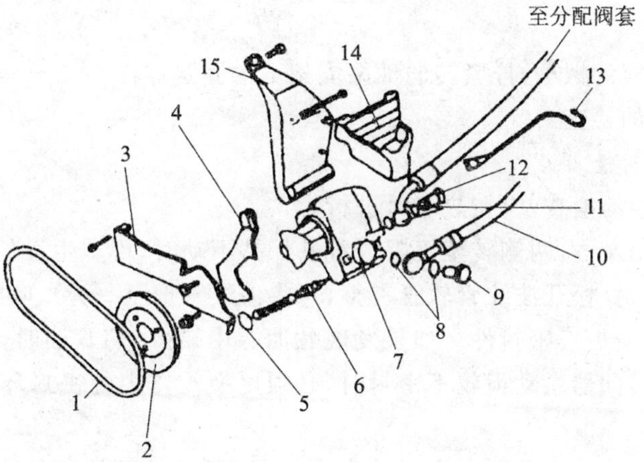

1—V 形带；2—带轮；3—夹紧夹板；4—前摆动夹板；5—密封环；6—压力和流量限制阀；7—叶轮泵；8—密封环；9、12—管接头螺栓；10—进油管；11—密封环；13、15—支架；14—后摆动夹板

图 2－119　转向油泵(叶轮泵)及其附件的分解图

1. 转向油泵的拆卸

① 吊起车辆。

② 拆卸油泵上回油软管的高压软管的泄放螺栓(如图 2－120 所示)，排放 ATF 润滑油。

③ 拆卸转向油泵前支架上的张紧螺栓，如图 2－121 所示。

④ 拆卸转向油泵后支架上的固定螺栓。

⑤ 松开转向油泵中心支架上的固定螺母和螺栓。

⑥ 把转向油泵固定在台虎钳上，拆卸滑轮和中间支架。

2. 转向油泵的安装

转向油泵的安装顺序与拆卸顺序相反。转向油泵安装完毕应调整转向油泵 V 形带的张紧度，并加注 ATF 油液。

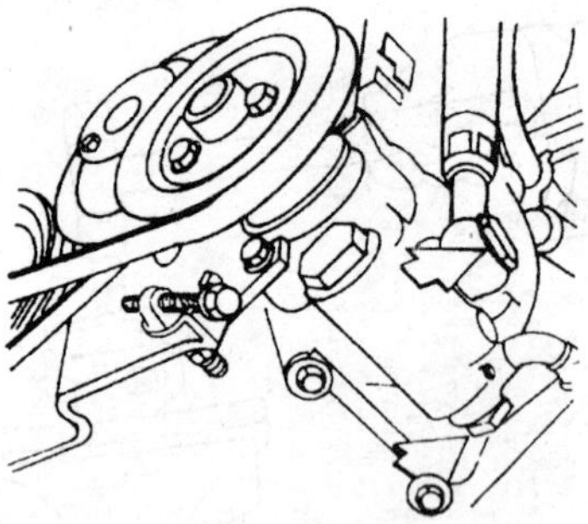

图 2-120 拆卸泄放螺栓

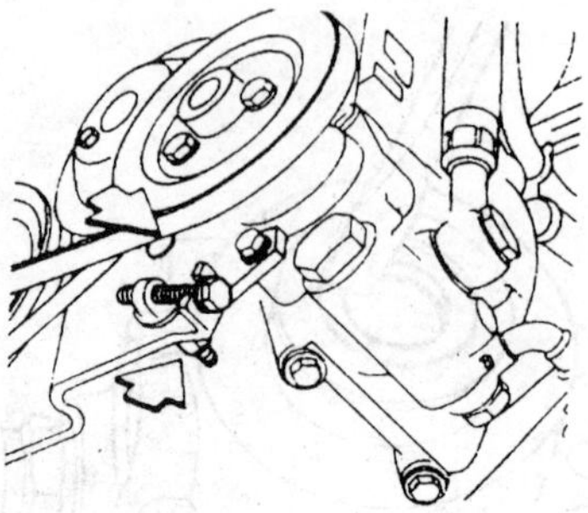

图 2-121 拆卸转向油泵前支架上的张紧螺栓

(五) 转向油泵 V 形带的调整

① 松开转向油泵支架上的后固定螺栓。

② 松开专用螺栓的螺母。

③ 通过张紧螺栓把 V 形带绷紧。当压在 V 形带中间处时,V 形带应有 10 mm 挠度为合适。

④ 拧紧专用螺栓的螺母,拧紧转向油泵支架上的固定螺栓。

(六) 转向系统的检查

1. 检查系统密封性

转向系统密封性的检查,应在热车时进行。

将转向盘快速朝左、右两侧转至极限位置并保持不动时,可产生最佳管内压力。目测检查转向控制阀、齿条密封(松开波纹管软管夹箍,再将波纹管推至一旁)、叶轮泵、油管接头是否有漏油现象,如有渗漏应更换密封件。如果发现贮油罐中缺少 ATF 油时,应检查转向系统的密封性是否完好。当转向器主动齿轮不密封时,必须更换阀体中的密封环和中间盖板上的圆形绳环。

如果转向器罩壳中的齿轮齿条密封件不密封,ATF 油液可能流入波纹管套里,此时,应拆开转向机构,更换所有密封环;如果油管接头漏油,应查找原因并重新接好。

2. 检查转向油泵压力

① 将压力表装到连接管阀体和弹性软管之间的压力管中。

② 起动发动机,如果需要,向贮油罐补充 ATF 油。

③ 快速关闭截止阀(关闭时间不超过 5 min),并读出压力数,表压额定值为 6.8～8.2 MPa。如果没有达到额定数值,就应检查压力和流量限制阀是否完好。如不正常应更换压力和流量限制阀,或更换叶轮泵。

3. 检查系统压力

当发动机怠速工作时,打开压力表节流阀,使转向盘向左或右旋转极限位置,同时读出压力表上的压力。其额定值表压为 6.8～8.2 MPa。如果向左或右边的额定值达不到要求,就要修理转向器或更换总成。

任务八　鼓式制动器的拆装与调整

一、实训目的与要求

① 了解鼓式车轮制动器的拆装方法，掌握制动器的拆装技能。

② 能正确检测制动鼓、制动蹄。

③ 掌握制动鼓与制动蹄间隙的调整方法。

④ 学会正确地进行制动液的排空技能。

二、技术标准

① 制动蹄摩擦衬层的最小厚度应大于 1.0 mm。

② 制动鼓内表面打磨后内径比标准内径的扩大不能超过 2 mm。

③ 制动蹄表面与制动鼓的接触面积应占整个摩擦面的 90%以上。

④ 制动蹄片与制动鼓之间的间隙应满足：制动鼓可用手转动，但有点阻力为宜。

三、实训设备与器材

带鼓式制动器汽车 1 部，游标卡尺 1 把，常用维修工具 1 套，制动液 1 瓶。

四、操作步骤

(一) 轮缸促动鼓式车轮制动器

1. 鼓式制动器的组成

鼓式制动器(后制动器)组成零件如图 2－122 所示。

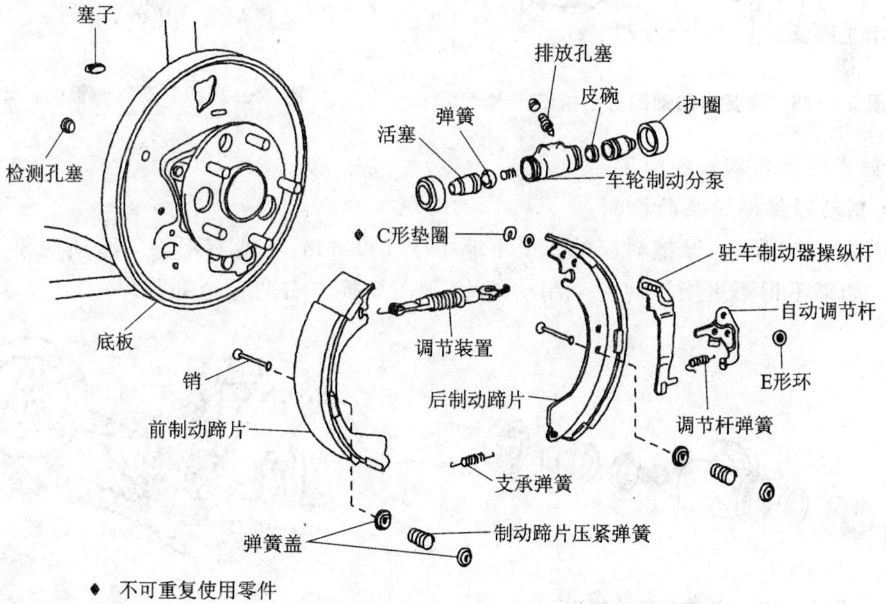

图 2－122　鼓式制动器(后制动器)组成

2. 鼓式制动器的拆卸

① 如图 2－123 所示，取下检测孔塞，从检测孔检查制动蹄摩擦衬层的厚度。最小厚度应大于 1.0 mm；否则，应更换制动蹄。

② 卸下制动鼓，如难以卸下，可用金属丝将自动调整杆挑开，再用螺钉旋具转动调整装置，以减小制动蹄被调整装置张紧的力度，如图 2－124 所示。

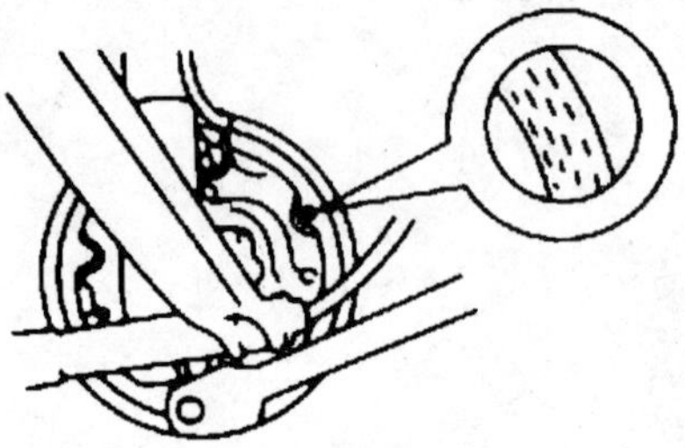

图 2－123 制动蹄摩擦衬层的厚度检测

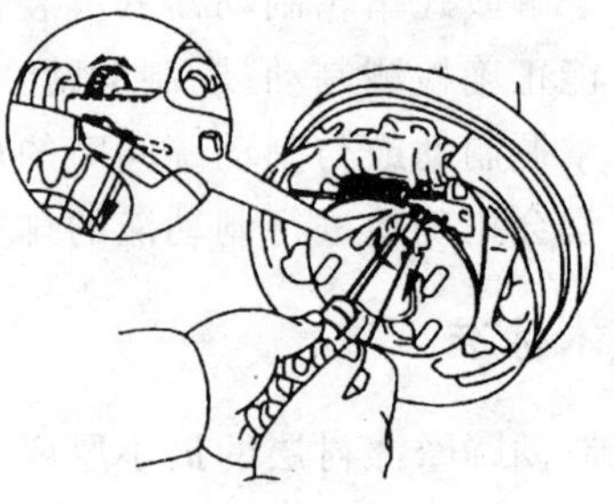

图 2－124 制动鼓的拆卸

③ 拆下回位弹簧、压紧弹簧、支承弹簧，拆下前、后制动蹄片，如图 2－125 所示。

④ 从制动分泵上拆下制动器油管，用容器接住制动液，如图 2－126 所示。

⑤ 拆卸并分解制动分泵。制动分泵组成零件有 2 个护罩、2 个活塞、2 个皮碗、1 个弹簧，如图 2－127 所示。

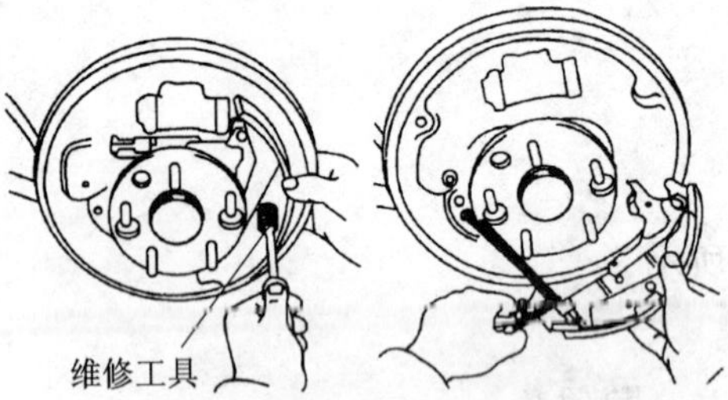

图 2－125 弹簧和制动蹄片的拆卸

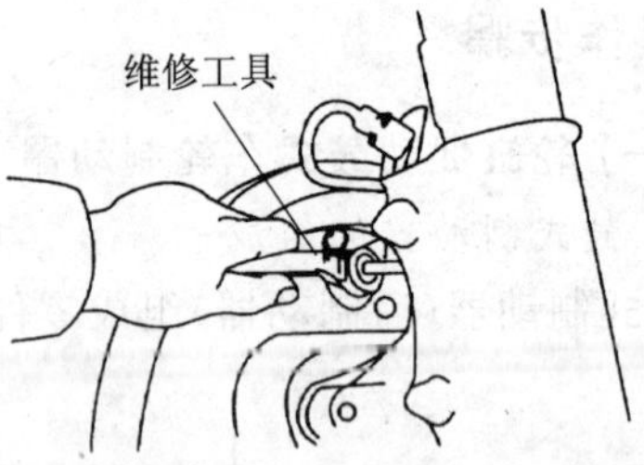

图 2－126 制动器油管的拆卸

3. 鼓式制动器零件的检测

(1) 制动蹄摩擦衬层的检测

如图 2－128 所示，摩擦衬层的厚度不能小于 1.0 mm，不能有不均匀磨损现象，否则应予以更换。如果不得不更换任何一个制动蹄片，则需要换左右两轮全部蹄片。

图 2－127 制动分泵的组成

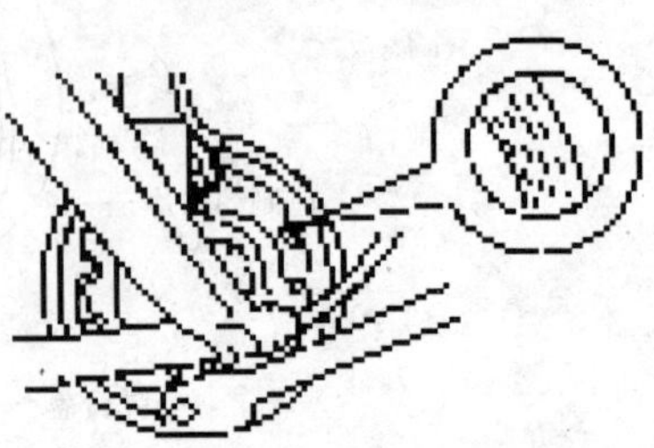

图 2－128 制动蹄摩擦衬层的检查

(2) 制动鼓检测

制动鼓内表面(即摩擦面)如有划痕或磨损起槽,可用车床将其打磨,一次打磨深度为0.50 mm。打磨后内径比标准内径的扩大不能超过2 mm(有些标有MAX,即极限尺寸)。

(3) 检查制动蹄与制动鼓之间的贴合情况

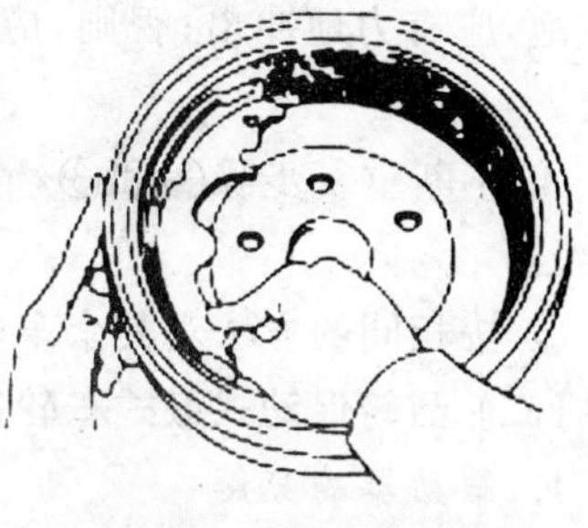

图2-129　制动鼓的检查

① 如图2-129所示,在制动鼓摩擦面上均匀涂抹一层白粉笔,将制动蹄在制动鼓内贴合转1周。

② 检查制动蹄表面与制动鼓的接触面积(制动蹄表面的白色部分),应占整个摩擦面的90%以上;否则,应打磨制动蹄摩擦表面,用砂纸或锯片打磨白色部分,再进行贴合试验。重复进行,直至符合要求。

③ 将制动蹄中间部分约10 mm宽的地方横向打磨,进行贴合试验,该位置应不白(即未与制动鼓接触),这样有利于在使用中提高制动蹄与制动鼓的接触面积。

(4) 检查制动分泵活塞及缸筒

检查制动分泵活塞及缸筒,如有划痕或磨损严重,应予更换。另外,在装配时,应更换新的皮碗。

4. 鼓式车轮制动器的安装

① 在制动分泵活塞、皮碗上(如图2-130中箭头所示)涂一层锂-皂基乙二醇黄油,组装制动分泵。

② 将制动分泵安装在底板上并连接好制动油管。

③ 在底板与制动蹄片的接触面上以及调紧装置螺栓的螺纹和尾端涂抹高温黄油。

④ 将调整装置装至后制动蹄片上,装上后制动蹄片(同时装好驻车制动装置),然后装上前制动蹄片,装好支承弹簧。

⑤ 如图2-131所示,将后制动蹄的手制动器操纵杆前后拉动,检验调整装置应能回转(即回位);否则,应检验后制动蹄的安装是否正确。然后将调整装置的长度尽可能调至最短,装上制动鼓。

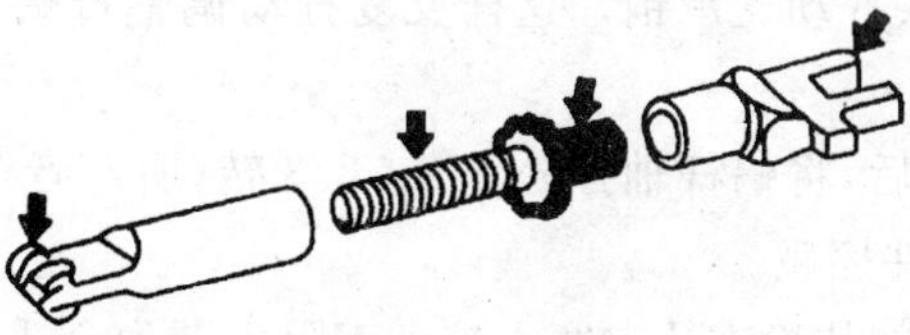

图2-130　调整装置涂黄油的位置

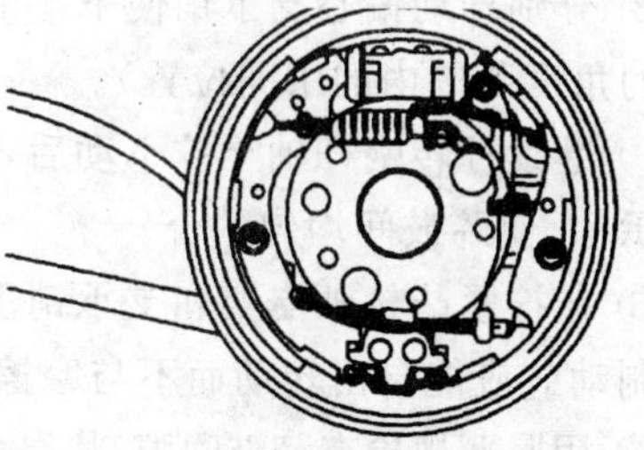

图2-131　调整装置自动回转的检查

⑥ 制动蹄片与制动鼓间隙的调整。用螺钉旋具从调节孔调节调整螺栓,使制动鼓用手不能转动,再用螺钉旋具慢慢放松至制动鼓可用手转动,但有点阻力为宜。

⑦ 装配好车轮。

5. 制动液的排空

① 将制动总泵的油杯加满制动液。

② 一人将制动踏板连续踏下数次，直至踏板一次比一次增高，到踏不下去为止，然后用力踏着不放。

③ 另一人此时拧松该制动鼓内侧的制动液放气螺栓，应有制动液流出，且该制动液不应有气泡，应有力地冲出；否则，应将制动液放气螺栓拧紧。然后踩制动踏板的人将制动踏板放松。

④ 不断重复步骤②和③，直至流出的制动液没有气泡且有力地冲出，拧紧制动液放气螺栓。

⑤ 按相同的方法对其余车轮进行排空。

（二）凸轮促动式鼓式车轮制动器

1. 制动器的分解

① 将制动鼓从车桥上拆下。

② 用拉簧钩拆下蹄片回位弹簧，取下支销上的垫板。

③ 取下制动蹄总成，拆下支承销、制动凸轮、调整臂总成及制动气室、支架。

④ 拆下制动底板。

2. 制动器的装配

① 将制动底板用螺栓固定在前桥转向节凸缘或后桥桥壳凸缘上，依次装上支承销、支架和制动气室总成、调整臂。

② 在凸轮轴的凸轮工作面、花键部分和轴颈处分别涂上少许润滑脂（防止凸轮轴锈住卡孔）后，装入支架的孔中，其花键部分与调整臂的内花键啮合，在尾端的伸出部分装上垫圈后用开口销锁住。

③ 将制动蹄套到支承销上并用垫板进行轴向定位，然后装上回位弹簧。注意：两制动蹄的位置不要互换，其上端面要与凸轮工作面完全贴合，支承销内端的标记朝内相对。

④ 装上制动鼓及其余零件。

3. 制动器的调整

① 取下制动鼓上检查孔的盖片，松开支承销的固定螺母和凸轮轴支架、紧固螺栓。

② 拧转调整臂蜗杆轴使制动蹄张开与制动鼓贴紧至拧不动为止。

③ 分别拧动偏心支承销使下端的间隙改变（经验做法是将偏心支承销放置在其左右所能转动的角度范围内的中间位置）。

④ 继续拧转蜗杆轴至拧不动后，再按上述方法拧动支承销。这样反复拧动调整臂蜗杆轴和支承销，使蹄鼓间均匀贴合。

⑤ 在拧紧凸轮轴支架和支承销上的紧固螺母后，将蜗杆轴拧松 1/2～2/3 转（听声音 3～4 响），制动鼓应能自由转动而不与摩擦片或其他零件擦碰。

⑥ 用厚薄规检查蹄鼓间隙，将厚度合适的厚薄规从检查孔内塞入拉动有阻力即为合适。具体间隙值为：EQ1092 型汽车支承端为 0.25～0.40 mm，凸轮端为 0.4～0.55 mm；CA1092 型汽车支承端为 0.25～0.40 mm，凸轮端为 0.40～0.45 mm，同一端两蹄间隙差应小于 0.1 mm。

⑦ 当制动蹄摩擦片使用磨损后，一般进行局部调整，局部调整时不要转支承销，仅转动调整臂就可以了。前桥顺时针拧动蜗杆轴间隙减小，而后桥逆时针拧动蜗杆轴间隙减少。

⑧ 当汽车制动发生前轮跑偏时，可以减小跑偏一侧前轮的蹄鼓间隙或加大跑偏另一侧的间隙。

任务九　盘式车轮制动器的拆装与检测

一、实训目的与要求

① 了解盘式制动器的拆装方法，掌握拆装制动器技能。

② 掌握检测制动摩擦片、制动分泵、制动盘等构件的技能和方法。

③ 能正确地进行制动液的排空。

二、实训设备与器材

带盘式制动器汽车1部，游标卡尺1把，磁力表座、百分表1套，维修工具1套，制动液1瓶。

三、操作步骤

1．盘式制动器的组成

盘式制动器组成如图2-132所示。

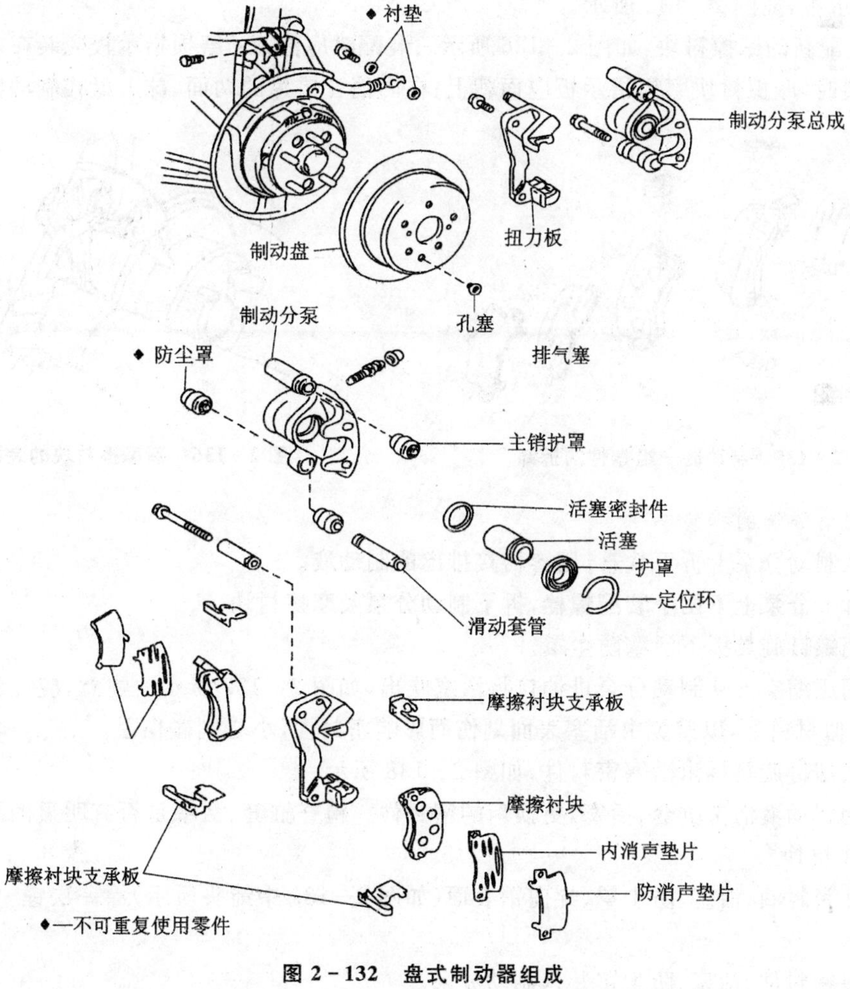

图2-132　盘式制动器组成

2. 制动器摩擦衬块的更换

① 通过泵体上的检测孔,检查摩擦衬块衬层的厚度,如图 2-133 所示。如厚度不符合要求,应更换。衬层最小厚度为 1.0 mm。

② 拧松制动分泵下部的装配螺栓,吊起制动分泵,如图 2-134 所示。

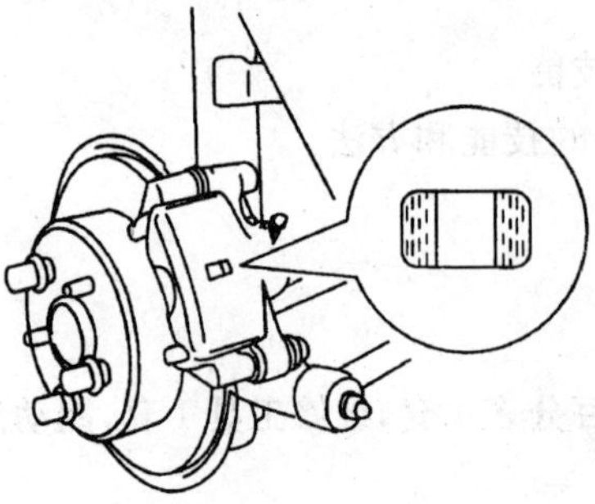

图 2-133 摩擦衬块衬层厚度的检查

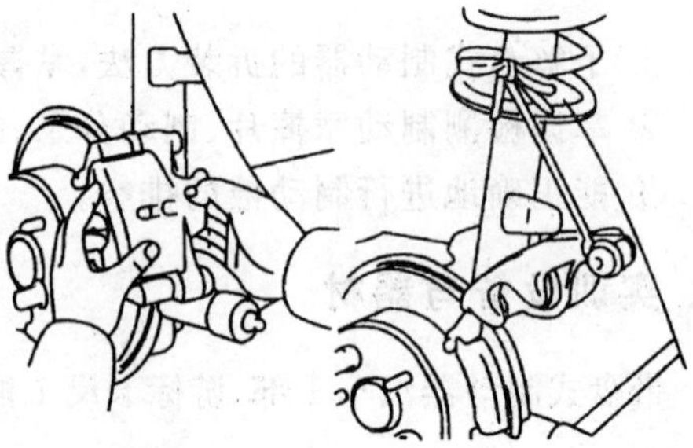

图 2-134 制动分泵的吊起

③ 拆出以下零件:2 块制动器摩擦衬块、4 块消音垫片、1 块摩擦衬块磨损指示板、4 块摩擦衬块支承板,如图 2-135 所示。

④ 装配新的摩擦衬块,如图 2-136 所示。装配时应注意:磨损指示板应装在内摩擦衬块上,且安装时,摩擦衬块磨损指示板应面朝上;在内消音垫片的两面,抹上盘式制动器黄油。

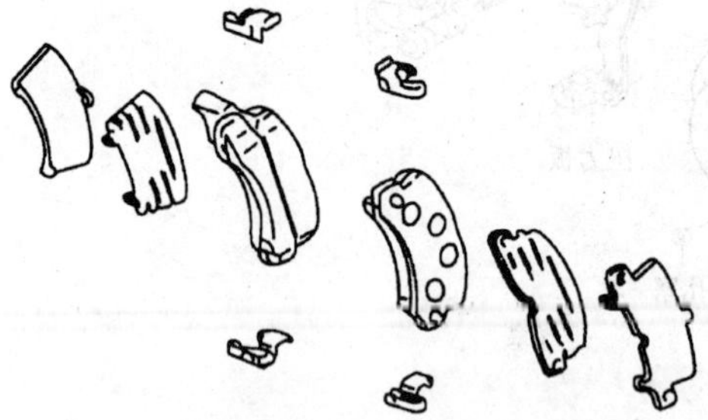

图 2-135 制动器一组零件的拆卸

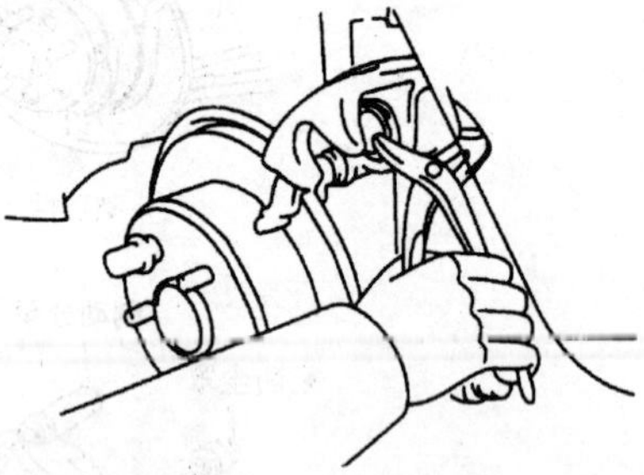

图 2-136 新摩擦衬块的装配

3. 制动分泵的拆装

① 从制动分泵上拆下软管,用容器接排出的制动液。

② 拆下分泵上下两个装配螺栓,拆下制动分泵及摩擦衬块。

③ 用螺钉旋具拆下活塞防尘罩。

④ 用压缩空气从制动分泵进油口将活塞吹出,如图 2-137 所示。注意,应让活塞掉在废布料或类似材料上,以避免由活塞表面划伤而影响密封性,小心别碰伤手。

⑤ 用螺钉旋具拆出活塞密封件,如图 2-138 所示。

⑥ 用制动液清洗缸套、活塞,更换新的密封件。检查缸套、活塞是否有明显的磨损、损伤,如有,应予更换。

⑦ 在密封圈、活塞、防尘罩、导向销表面(如图 2-139 中箭头所示)涂一层锂-皂基乙二醇黄油。

⑧ 将密封件、活塞、防尘罩装入制动分泵。

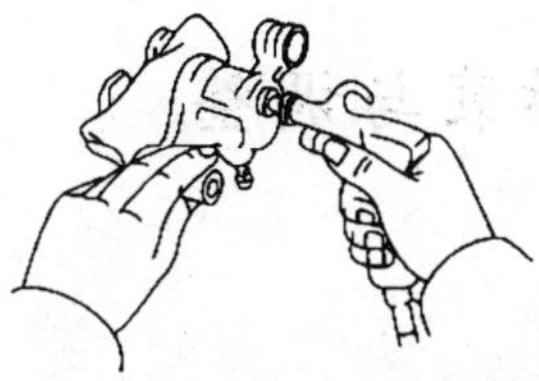

图 2－137　制动分泵活塞的拆卸

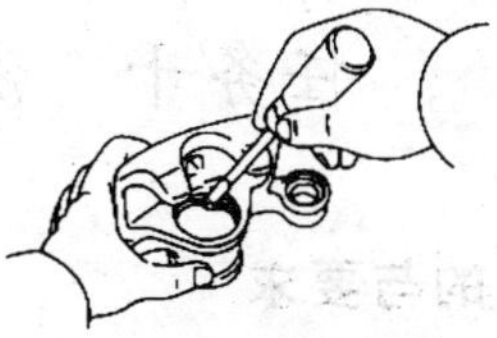

图 2－138　活塞密封件的拆卸

⑨ 装好摩擦衬块，再装好制动分泵。

⑩ 连接好软管。

⑪ 进行排空，并检查制动液是否有泄漏现象。

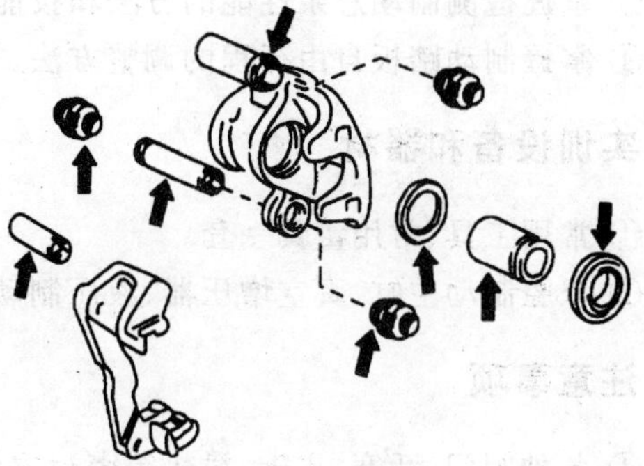

图 2－139　涂黄油的部位

4. 制动器零件的检修

(1) 摩擦衬块衬层厚度检测

如图 2－140 所示，用直尺测量衬层厚度，最小厚度应大于 1.0 mm；否则，应予更换。另外，如有严重的不均匀磨损，也应更换。

(2) 制动盘磨损检修

如果制动盘磨损起槽，应卸下在光磨机上光磨或车床车削，一次光磨深度为 0.50 mm。注意，要左右车轮同时光磨。光磨后制动盘的厚度不能小于标准厚度 2.00 mm，有些制动盘标有 MIN，表示允许磨损的最小厚度。

(3) 测量制动盘端面跳动

如图 2－141 所示，将磁力表座吸附在车架上，用百分表抵压在距制动盘外缘 10 mm 处，制动盘转动 1 周以上，读取百分表指针摆动的数值，应在规定的范围内，最大偏摆应小于 0.15 mm；否则，应首先检查轴承的轴向间隙，如均无异常，则应光磨制动盘，如光磨后还不行，应更换制动。

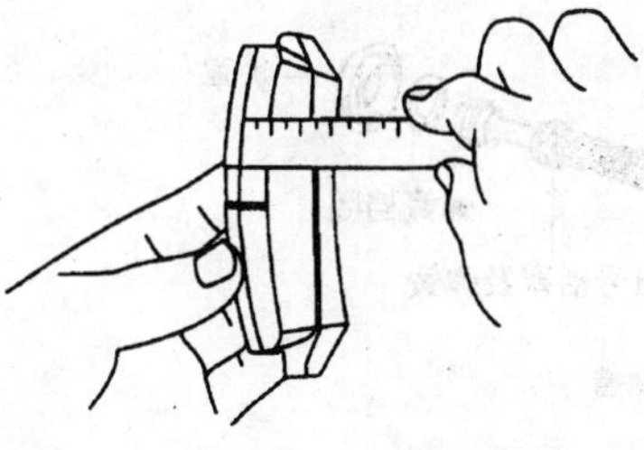

图 2－140　摩擦衬快衬层厚度的检测

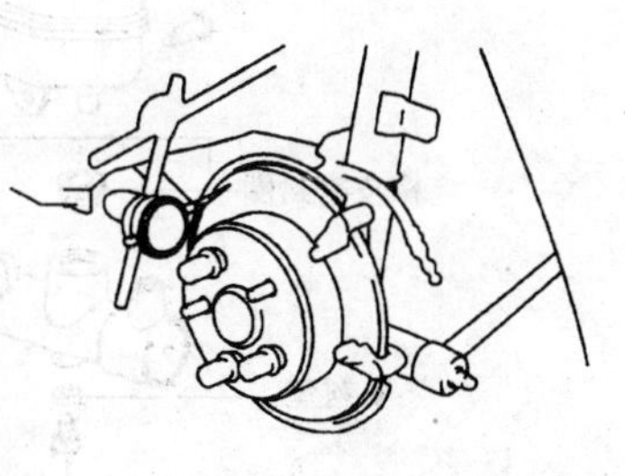

图 2－141　制动盘端面跳动的检测

任务十　液压制动总泵的拆装与调整

一、实训目的与要求

① 了解液压制动装置的布置及各总成的相互关系。
② 掌握制动总泵的拆装方法和技能。
③ 掌握检测制动总泵性能的方法和技能。
④ 掌握制动踏板自由行程的调整方法。

二、实训设备和器材

① 常用工具、常用量具一套。
② 双腔制动主缸、真空增压器、液压制动的汽车整车。

三、注意事项

① 各种阀门、活塞、皮碗、衬垫等密封零件必须用规定的清洗液清洁完好。
② 注意各处的密封装置及其安装方法。

四、操作步骤

1. 液压制动总泵组成

液压制动总泵组成如图 2－142 所示。

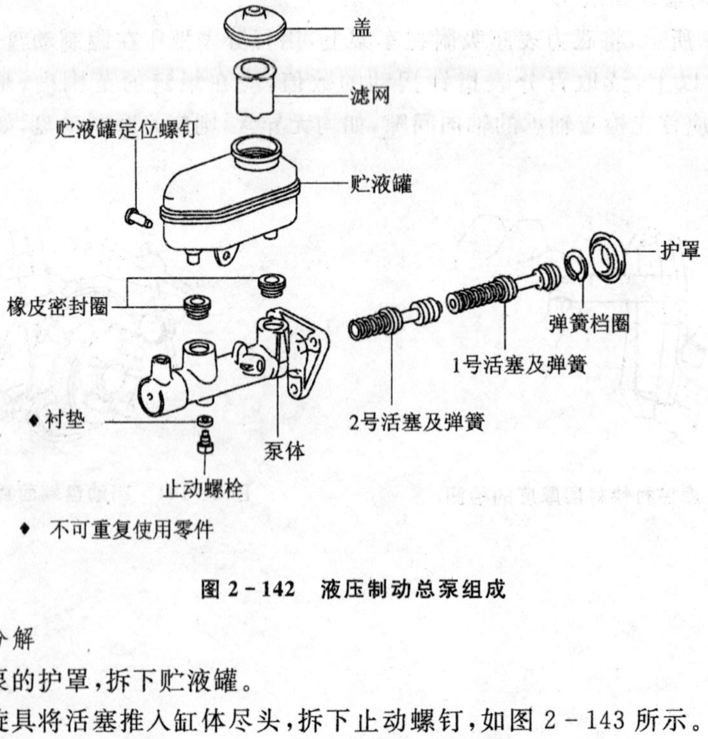

图 2－142　液压制动总泵组成

2. 总泵的分解

① 拆下总泵的护罩，拆下贮液罐。
② 用螺钉旋具将活塞推入缸体尽头，拆下止动螺钉，如图 2－143 所示。注意，螺钉旋具

头上要缠好布。

③ 用螺钉旋具将活塞推入，然后拆出弹性挡圈，如图 2-144 所示。

④ 将活塞及弹簧垂直倒出。

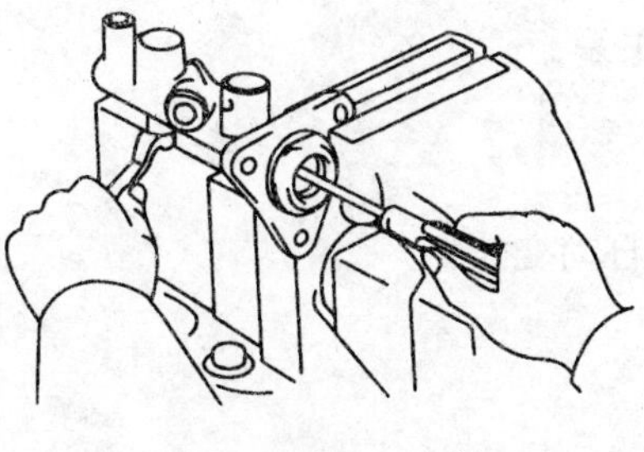

图 2-143　活塞止动螺栓的拆卸

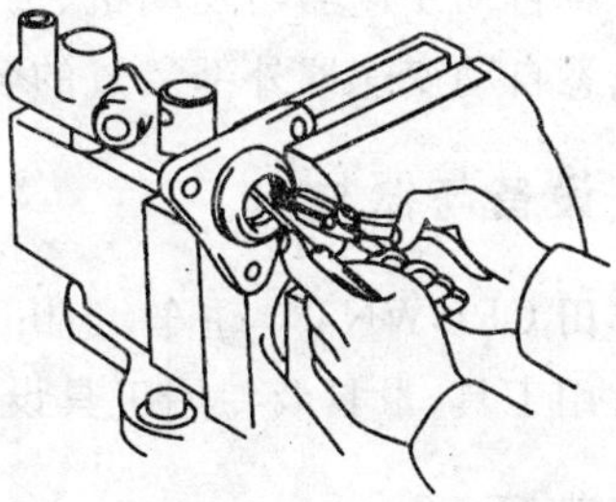

图 2-144　弹性挡圈的拆卸

3. 总泵的检查

① 检测泵筒内有无生锈或擦伤现象，如有，应予更换。

② 活塞与泵筒的配合间隙应小于 0.20 mm；否则，应予更换

③ 检查皮碗有无软化、发胀，如有，应更换皮碗。

4. 总泵的组装

① 组装前，应把所有零件用制动液或酒精清洗干净。

② 垂直装入两组弹簧及活塞，装上弹性挡圈。

③ 用螺钉旋具将活塞推到底，装好止动螺钉。

④ 装好贮液罐。

⑤ 装上总泵护罩。注意，护罩有“UP”标记的面应朝上。

⑥ 用螺钉旋具推压前活塞，使前活塞移动灵活，无卡滞现象。

5. 总泵总成装复后的检查与调整

① 推动活塞数次，检查其运动和回位是否灵活；完全放松时，用细铝丝检查旁通孔、补偿孔是否畅通，如某一孔堵塞，应进行调整。

② 将总泵总成装回车架，然后调整踏板自由行程。调整时，先松开推杆中间接头的锁紧螺母，然后转动推杆至其球头与活塞接触，再反向转动推杆 1.5～2.5 圈，此时推杆球头与活塞保持一定的间隙（1.2～2.0 mm）和相应的踏板自由行程（10～15 mm）。

③ 检查制动踏板自由行程符合规定值后，将推杆中间的锁紧螺母锁紧，以免松动。

任务十一　丰田 A340E 自动变速器总成的拆装

一、实训内容

① 自动变速器外围零部件的拆装。

② 从汽车上拆装自动变速器。

二、实训目的和要求

① 独立完成拆装过程，了解自动变速器总成拆装前应做的准备工作。

② 了解自动变速器与发动机、传动系统之间的装配关系。

③ 熟悉自动变速器外部装置的名称、作用和相互关系。

三、实训设备与器材

① 丰田 CROWN3.0 轿车（丰田 A340E 后桥驱动自动变速器）一辆。

② 常用工具、量具及专用工具设备等。

四、注意事项

本任务主要针对自动变速器的拆装实训，在拆装前首先应熟悉表 2-2 所列的注意事项，以确保实训安全有序开展。

表 2-2　自动变速器拆装实训注意事项（一）

序　号	内　容
1	必须遵守有关实训的规章制度，切实保证实训安全
2	拆装过程中尽量做到零件不损坏，自动变速器整体状况良好
3	拆卸的外围零部件摆放整齐，以便安装
4	螺栓、螺母等零件拆卸后尽量联在原来的位置上，以防丢失或混淆
5	垫片等小零件可以用凡士林粘在其原来的安装位置上
6	自动变速器分解之前，先将外部清洗干净，以防脏物进入零件
7	密封垫等非金属零件安装时不能使用密封胶
8	自动变速器内部零件不允许使用纤维织物或棉纱等抹布擦拭，以免纤维进入自动变速器内部，必要时可以用压缩空气吹干
9	拆装自动变速器时，应尽量使用专用工具
10	在拧紧螺栓或螺母时，一定要用扭力扳手按规定的力矩拧紧

在自动变速器维修实训中，还应关注表 2-3 所列的注意事项。

表 2-3　自动变速器拆装实训注意事项（二）

序号	内　容
1	O 形密封圈、密封垫等油封及开口销等零件，每次拆卸后都应更换新件
2	在安装 O 形密封圈、密封垫等油封之前，应当检查金属密封面上是否有沿油液泄露方向的贯穿划痕，如有，则应修复或更换金属零件
3	衬套因磨损需要更换时，必须更换与衬套相配合的零件总成
4	滚动轴承和单向离合器的座圈滚道过度磨损或损坏时，必须更换新件；与轴承接触的零件过度磨损时也应更换
5	在总装前应检查零件的工作面是否有损伤，如有，则应当更换

自动变速器拆装分为自动变速器总成拆装和自动变速器拆装两个单项实训。其中，总成拆装是指自动变速器在整车上的拆卸与安装；自动变速器拆装是指针对自动变速器自身内部零部件的拆装。

五、操作步骤

(1) 丰田 A340E 自动变速器总成的拆卸步骤

一般在拆卸自动变速器总成前，应在点火开关切断的情况下拆下蓄电池负极搭铁线，断开或松开所有与其他总成之间连接的电缆插头。然后参照图 2－145，按下述步骤进行。

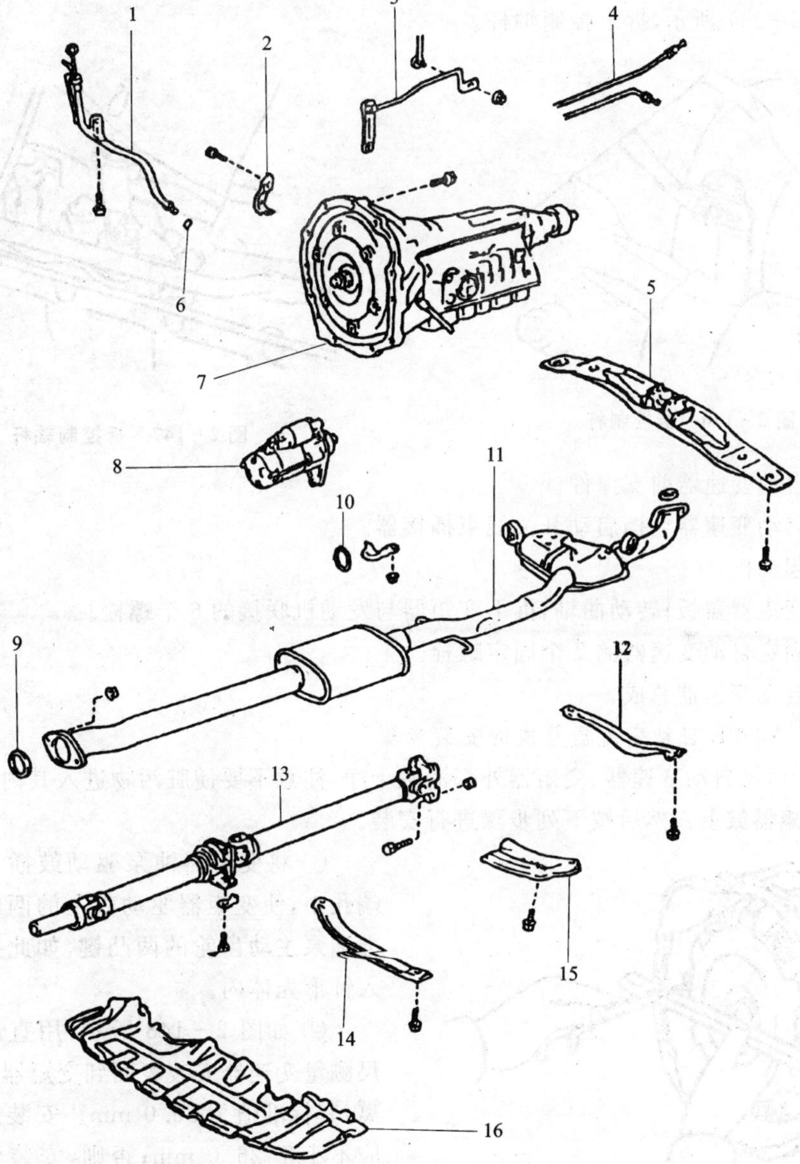

1—油管；2—散热油管夹；3—换挡控制杆；4—散热油管；5—后安装支撑；6、10—O 形密封圈；7—变速器总成；8—起动机；9—垫圈；11—排气管；12—安装架；13—传动轴；14—支架；15—加强板；16—发动机下护板

图 2－145　丰田 A340E 后驱型自动变速器要拆卸的零部件

① 放松放油螺塞，放出自动变速器专用油，用干净的油盘盛装，以便处理或再使用。

② 拆卸自动变速器节气门联动拉线。

③ 拆下发动机排气管。

④ 做好配合标记，拆下传动轴。

⑤ 拆下第一、第二车速传感器线束插接器和电磁阀线束插接器。

⑥ 如图 2-146 所示，拆下控制杆。

⑦ 拆下自动变速器加油管和散热器油管。

⑧ 用千斤顶支撑好自动变速器，拆下自动变速器后支撑件。

⑨ 如图 2-147 所示，拆下控制轴杆。

图 2-146　拆控制杆

图 2-147　拆控制轴杆

⑩ 拆下自动变速器前支撑件。

⑪ 拆下自动变速器空挡启动开关线束插接器。

⑫ 拆下起动机。

⑬ 拆下变矩器盖板；转动曲轴，拆下变矩器与发动机联接的 6 个螺栓。

⑭ 拆下固定自动变速器的 7 个固定螺栓。

⑮ 拆下自动变速器总成。

(2) 丰田 A340E 自动变速器总成的安装步骤

一般拆卸后将自动变速器、变矩器外部清洗干净，注意不要使脏污物进入其内部或粘附于变速器轴、变矩器鼓上。然后按下列步骤进行安装。

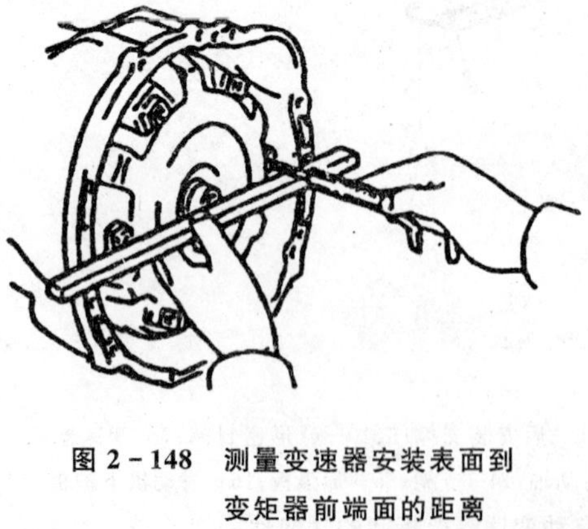

图 2-148　测量变速器安装表面到变矩器前端面的距离

① 将变矩器油泵驱动鼓插入变速器前端孔中，使变矩器驱动鼓上的两缺口键槽对准油泵主动齿轮的两凸键，如此把变矩器装入钟形壳体内。

② 如图 2-148 所示，用直尺和游标卡尺测量变速器安装表面到变矩器前端面的距离，其标准值为 26.0 mm。安装后的实测值应不小于 26.0 mm；否则，安装到汽车上以后将造成油泵端隙过小，甚至压坏油泵零件。

③ 对准两个定位销，安装上自动变速器。用 64 N·m 的力矩拧紧自动变速器的 7

个固定螺栓。

④ 安装变矩器螺栓。转动曲轴，先装上灰色螺栓，后装 5 个黑色螺栓，用 18 N·m 的力矩拧紧螺栓。

⑤ 安装起动机。

⑥ 安装变矩器盖板、空挡启动开关线束插接器、控制杆轴、控制杆、自动变速器前支撑件（加强板螺栓用 36 N·m 的力矩拧紧）、后支撑件、自动变速器散热油管（用 34 N·m 的力矩拧紧）、速度传感器线束插接器、电磁阀线束插接器。

⑦ 按做好的标记安装传动轴。

⑧ 安装发动机排气管、自动变速器加油管。

⑨ 安装自动变速器节气门联动拉线，并调整到正确长度。

⑩ 按正确的方法加注自动变速器专用油。将自动变速器选挡杆轮换置于各个预选挡（P、R、N、OD、D、S、L），并停留数秒，以便油液注满变矩器和伺服活塞油缸的工作腔。检查油面高度，不同油温下，油面应在相应的刻线位置。

任务十二　自动变速器的拆装

一、实训内容

① 自动变速器机械机构的拆卸。

② 自动变速器机械机构的安装。

二、实训目的与要求

① 掌握自动变速器拆卸的操作方法。

② 掌握自动变速器安装的操作方法。

③ 了解自动变速器拆装过程中应当注意的一些问题。

三、实训设备与器材

① 丰田 A140E 型自动变速器 1 台。

② 常用工量具 1 套，配套专用工具，清洗液 1 瓶，配套空气压缩系统。

四、操作步骤

丰田 A140E 型自动变速器，属前驱式自动变速驱动桥。其自动变速器、主减速器和差速器安装在同一壳体内。因此，对这种自动变速器的名称描述还有驱动桥、传动桥等。

(1) 自动变速器的拆卸

① 如图 2-149 所示，拆下手动换挡杆、散热器管接头和弯管、空挡起动开关、加速器拉索固定螺栓及挡板、2 号速度传感器、电磁阀引线、第二滑行挡制动器活塞、传动桥壳上盖。

② 拆下油底壳和衬垫。拆油底壳时，不要将传动桥翻转，因为这样会使阀体沾上油底壳底部的异物。拆下油底壳后，用磁铁检查油底壳内的颗粒物质。磁铁吸住的为铁质物质，吸不住的是铜质物质，这样可以大致判断是哪一类型材质的零件发生了磨损。

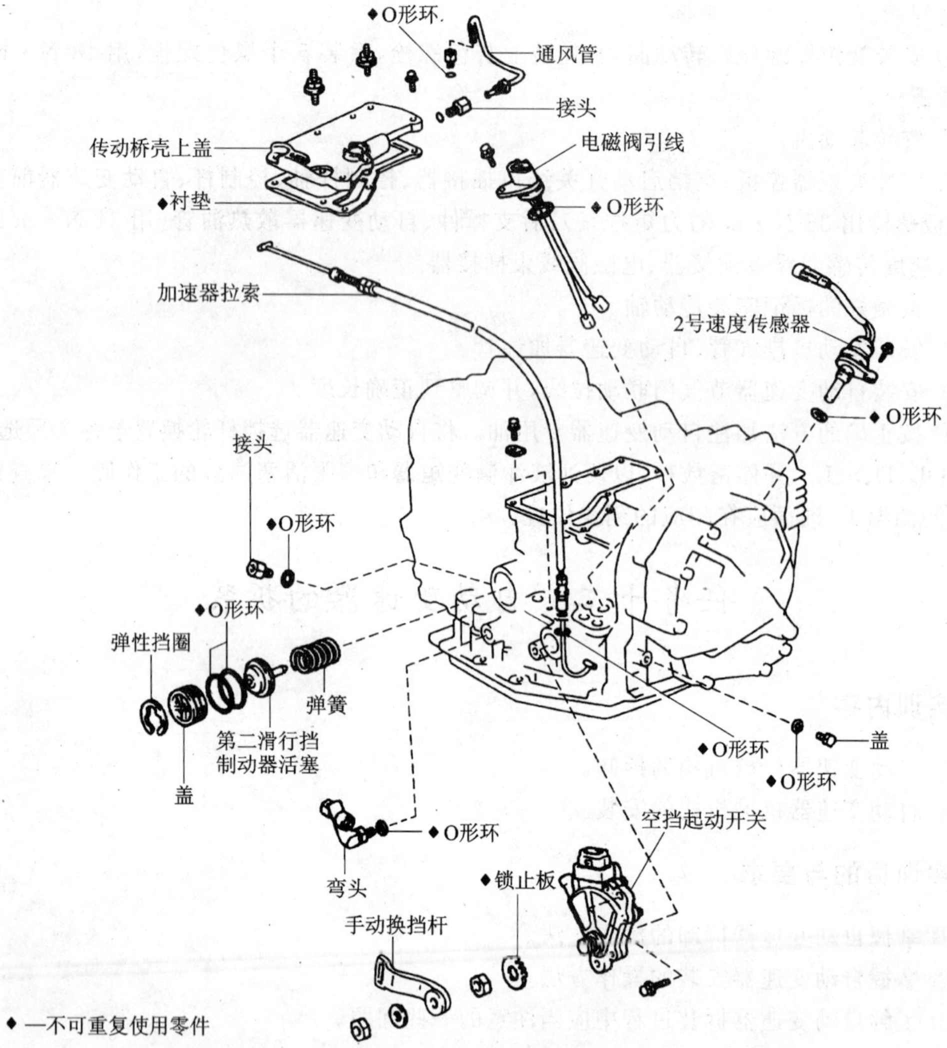

图 2-149　自动变速器外围附件的拆卸

③ 如图 2-150 所示，拆下油管托架和滤清器。

④ 如图 2-151 所示，拆下受动换挡阀阀体。

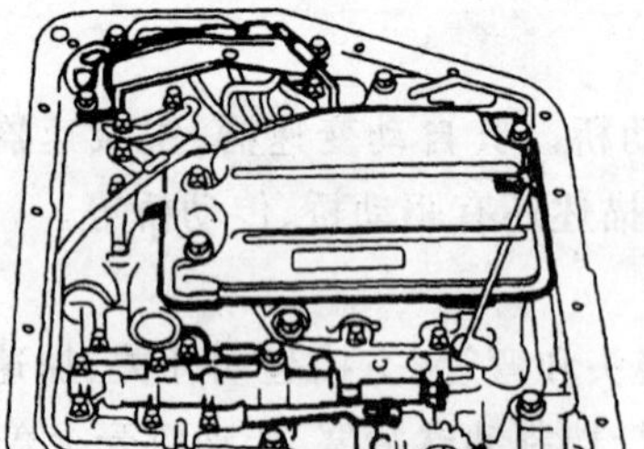

图 2-150　油管托架和滤清器的拆卸

图 2-151　挡位选择阀阀体的拆卸

⑤ 用一字螺钉旋具撬起如图 2－152 所示的油管两头，拆下共 4 条油管。

⑥ 如图 2－153 所示。从凸轮上脱开节气门拉索，拧出所有紧固阀体的螺栓，拆下阀体。

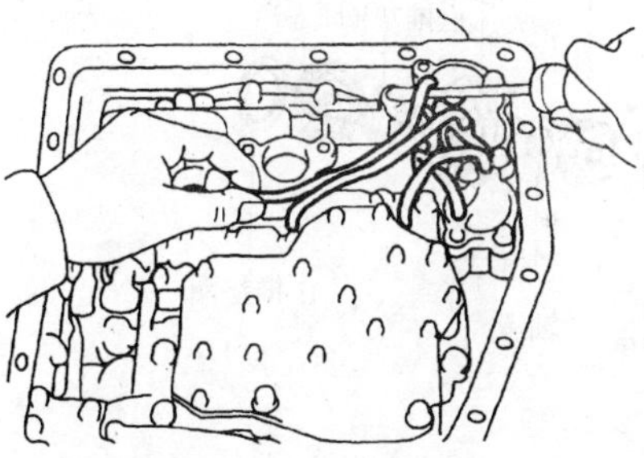

图 2－152　拆卸四条油管

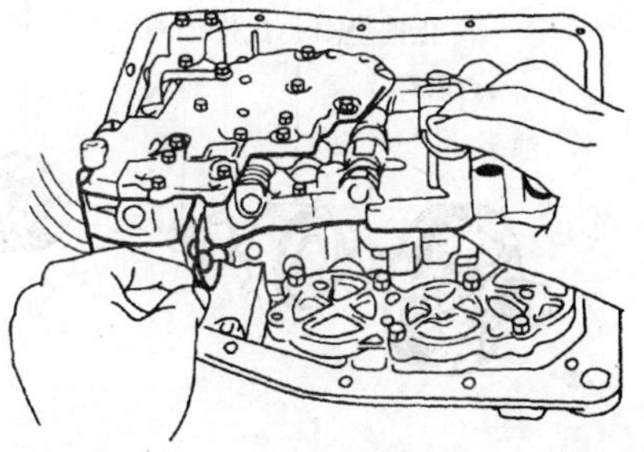

图 2－153　从凸轮上脱开节气门拉索

⑦ 如 2－154(a)所示，拧松 5 个螺栓（应一次 1 圈，直至弹簧张力消失），拆下蓄能器减震活塞及弹簧的盖及衬垫，进而拆下减震器活塞及弹簧。为使 C2、B2 活塞弹出，可将低压压缩空气（89 kPa）吹入图 2－154(b)中箭头所示的孔中，并用布塞着活塞出口，拆下活塞和弹簧。

⑧ 将自动变速箱竖起，拆下油泵上的 7 个螺栓，如图 2－155 所示，用维修工具从变速箱上拉出油泵。

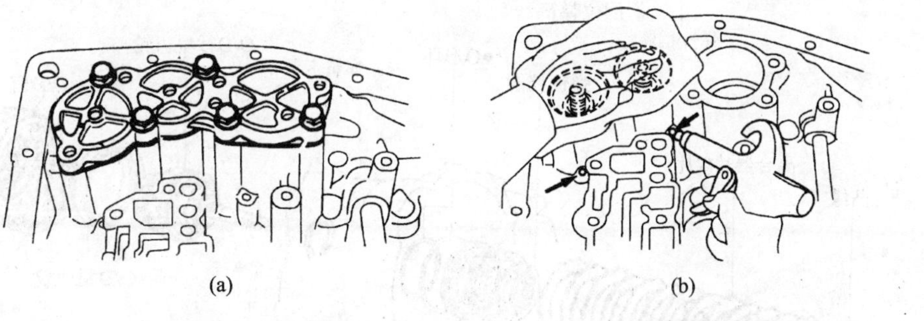

图 2－154　蓄能减振器活塞及弹簧盖、衬垫、C2 及 B2 活塞和弹簧的拆卸

⑨ 按如图 2－156 所示的顺序，依次拆下离合器、制动器、辛普森行星齿轮组、超速排、O/D（超速挡）箱等，拆下后依次放好。参照本任务注意事项，切不可将离合器、制动器的相似零件和滚针轴承、滑动轴承等相似零件混淆或者是换位，以防安装时造成错误装配。

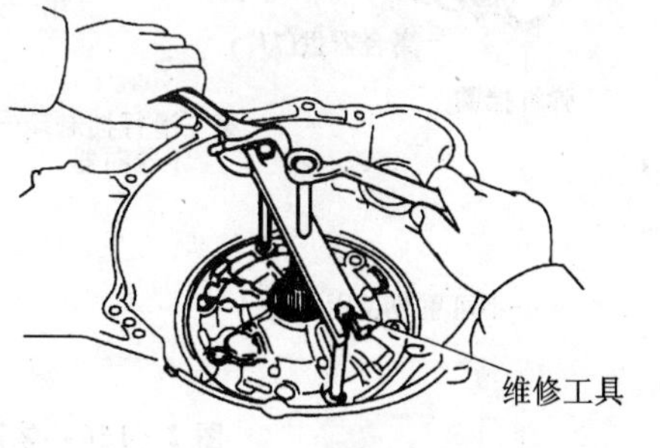

图 2－155　用维修工具拉出油泵

⑩ 如图 2－157 所示拆下主减速器两端的轴承端盖，拆下主减速器壳盖上的螺栓，并用塑料锤敲下该壳盖。

⑪ 如图 2－157 从变速器箱上拆下主减速器，差速器及主动锥齿轮。

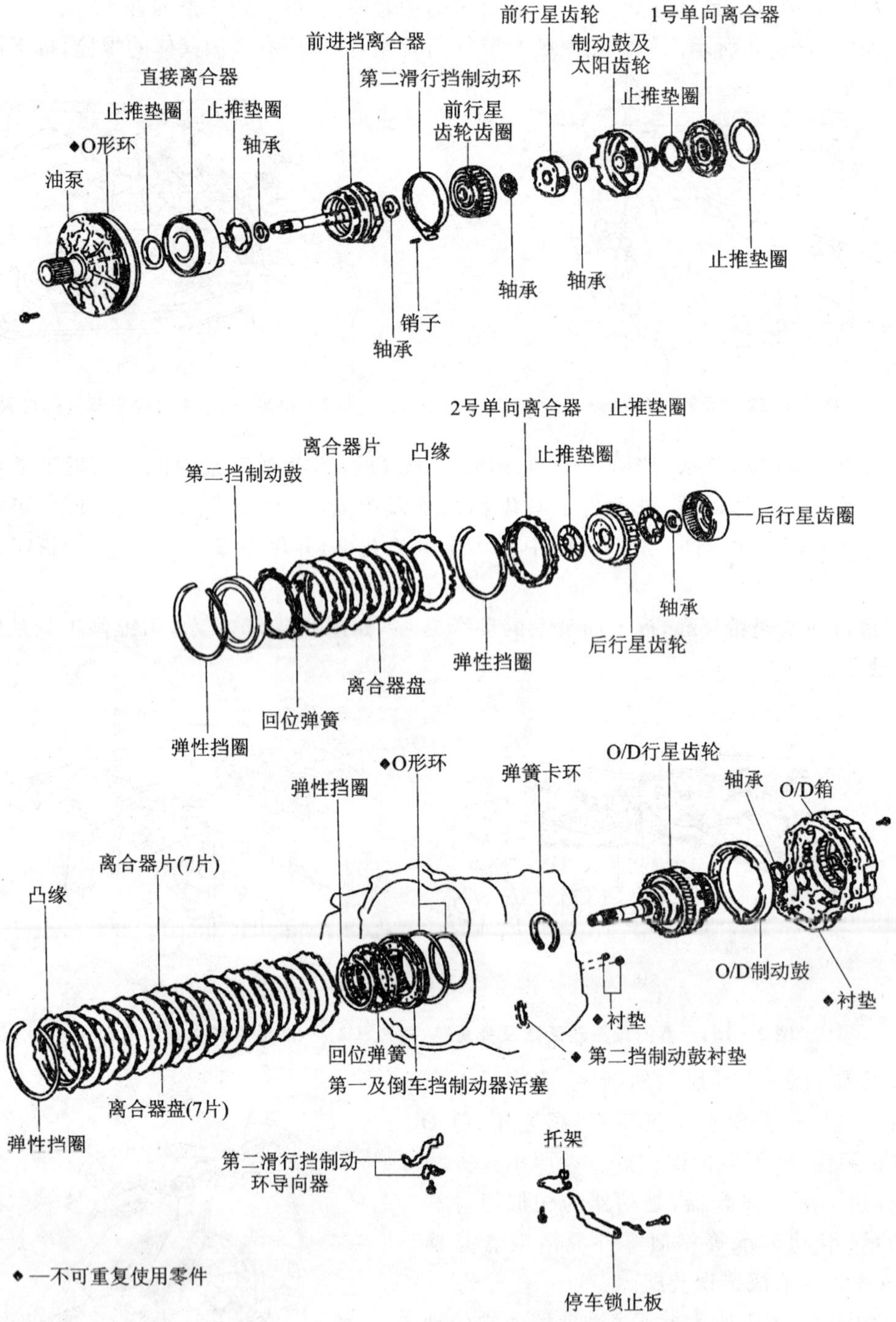

图 2-156 依次拆下离合器、行星齿轮 O/D 箱

(2) 自动变速器的装配

① 按照与拆装过程相反的次序就可以对自动变速器进行组装。

② 如图 2-158 所示,安装时应注意各组件之间滚动轴承及其座圈滑道的规格、位置和方位。

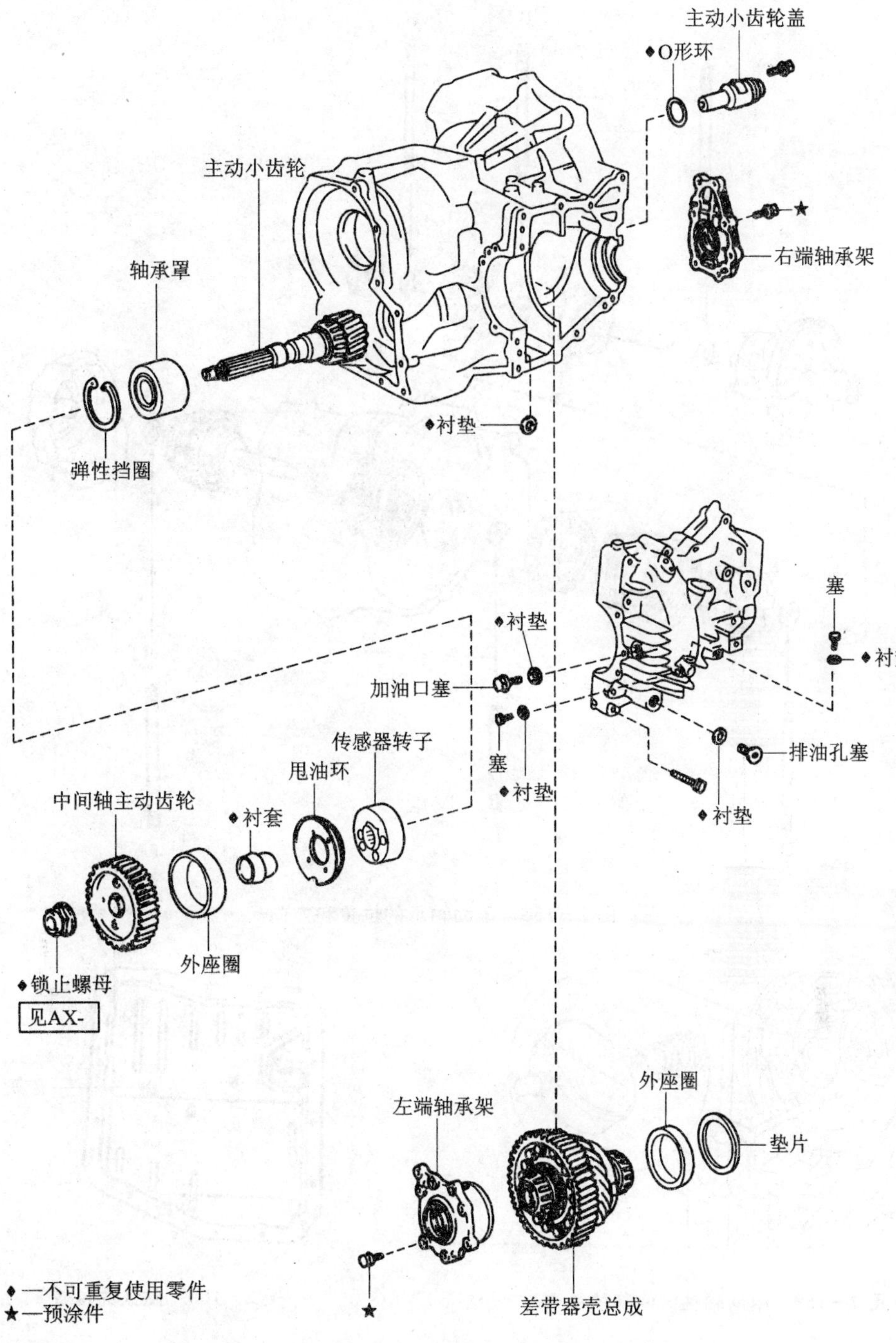

图 2-157　从变速箱上拆下主减速器、差速器及主动锥齿轮

③ 按照图 2-159 所示的方法检查中间轴轴向间隙，该间隙应在 0.47～1.50 mm 间；否则，应检查中间轴的安装。另外，还应检查中间轴能否平滑转动。

④ 将磁铁安放在油底壳内规定的位置，如图 2-160 所示。

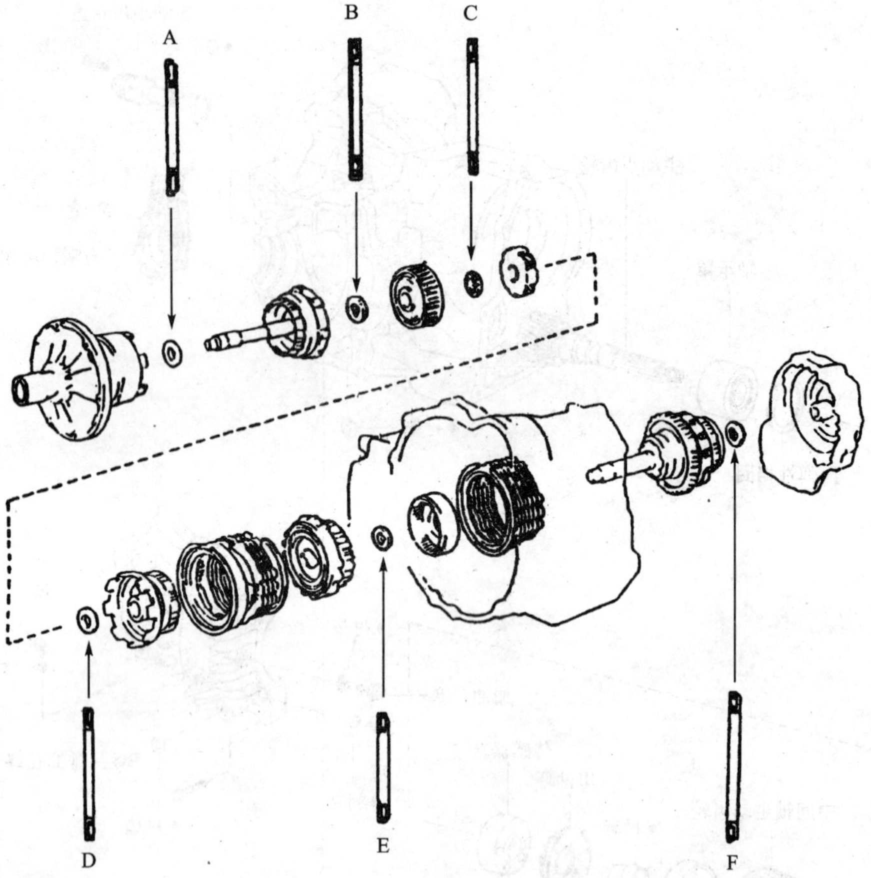

图 2-158 滚动轴承的位置和方向

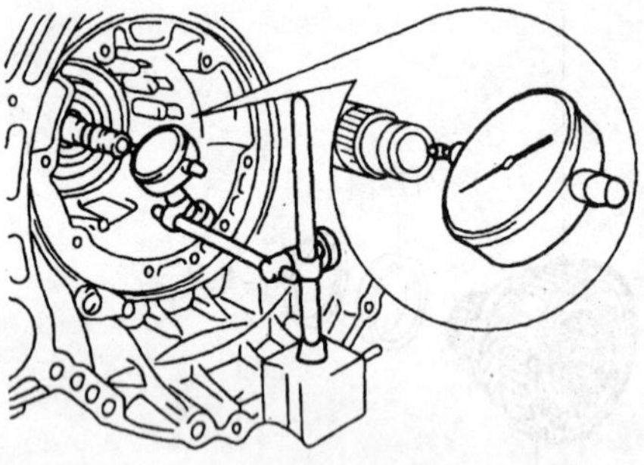

图 2-159 中间轴轴向间隙的检查

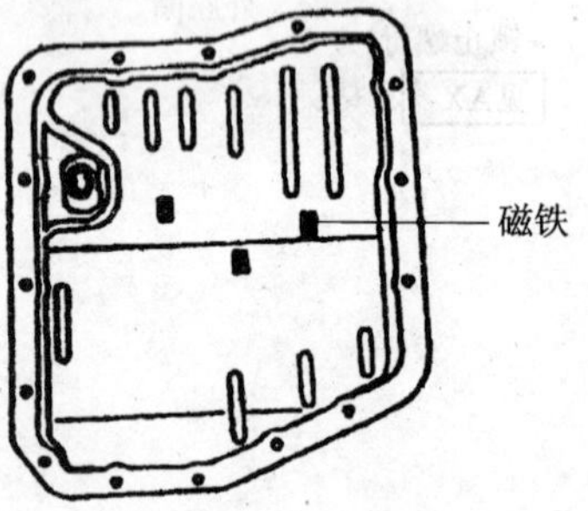

图 2-160 磁铁的位置

⑤ 参照任务六至任务九测量各离合器、制动器的自由间隙或活塞行程,应符合相应的技术标准。